# 서른 권의 열쇠

## 서른 권의 열쇠

**1판 1쇄 발행** 2023년 10월 10일

**지은이** 조경준

**펴낸이** 이강원
**편 집** 정인혜
**디자인** 인수정
**펴낸곳** 시간낭비

**전자우편** k.lee@timewaste.co.kr

ISBN 979-11-980091-1-1(03800)

- 책값은 뒤표지에 있습니다.
- 잘못된 책은 구입하신 서점에서 교환해 드립니다.
- 이 책은 저작권법에 따라 보호받는 저작물이므로 무단전재와 무단복제를 금합니다.

# 서른 권의 열쇠

조경준 지음

지금 이 순간,
삶의 의미를 찾는
청춘에게

## 여정을 시작하며

이 책은 국민건강보험공단에서 보낸 알림 메시지에서 시작되었습니다. 만 40세가 되던 해, 생애전환기 검진 대상자가 되었으니 대장내시경 검사를 무료로 받을 수 있다는 내용이었습니다. 이러한 혜택을 몰랐던 건 아니지만, 막상 대상자가 되었다는 메시지를 받아보니 감회가 아주 새로웠습니다. 아무튼 (누가 이름을 지었는지는 모르지만) 생애가 전환된다는 것은 당사자에게는 굉장히 철학적인 사건으로 다가올 수밖에 없는 일입니다.

그렇습니다. 어느덧 저는 '기성세대'에 접어들었습니다. 여러 의견이 있겠지만 제가 생각했던 기성세대의 의미는 이러했습니다.

더 이상 무언가를 받는 세대가 아니라 무언가를 주어야 하는 세대
　　더 이상 문제를 제기하는 세대가 아니라 문제를 해결해야 하는 세대

　그러니 기성세대(생애전환기)에 들어섰다는 알림 메시지는 저에게 자연스럽게 다음과 같은 질문을 던져주었죠.

　　나는 다음 세대에게 무엇을 줄 수 있을까?
　　나는 다음 세대를 위해 어떠한 문제를 해결할 수 있을까?

　『서른 권의 열쇠』는 제가 10대 후반부터 30대에 이르기까지 끈질기게 삶에 대고 물었던 질문에 실마리를 던져준, 끊임없이 찾아다녔던 새로운 세계의 꼭지를 여는 열쇠가 되어준 책들에 관한 이야기입니다. 이미 읽어보았거나 제목이 익숙한 책도 제법 있고, 낯설게 느껴지는 책도 꽤 있을 것입니다.
　흥미로운 점은 책을 소개해야겠다는 생각이 머리를 스치고 나서 채 5분도 지나지 않아 서른 권의 목록이 금세 채워졌다는 사실입니다. 이제 막 세상을 향해 문을 여는 여

러분에게 어떠한 책을 건네면 좋을지 기준을 세워보니 순식간에 이 책들이 떠올랐던 것이죠.

이 책들은 한 세계에 대한 거시적 조감도와 미시적 설계도를 동시에 보여주는 책이라고 말할 수 있습니다. 한 세계의 본질을 꿰뚫기 위해서는 그 세계의 커다란 숲과 나무를 모두 챙기면서도 나무와 나무 사이를 단단한 토양으로 꽉 채워 넣을 수 있어야 합니다. 저는 바로 이 책들에서 그러한 모습을 발견했던 것입니다.

그럼에도 막상 '서른 권의 열쇠'를 소개하기로 결심하기까지는 적지 않은 고민이 있었습니다. 여러분에게 실제로 도움이 될지 확신할 수 없었거니와, 이미 각 분야에 수많은 고전과 추천 도서가 즐비한데 전문가도 아닌 제가 이러한 책을 쓰는 게 무슨 의미가 있을까 하는 망설임이 뇌리를 떠나지 않았던 것이죠. 지금도 이러한 의문이 완전히 풀린 건 아니고, 어쩌면 영영 풀릴 수 없을지도 모르지만, 결국에 저 스스로 되뇌게 된 간소한 대답은 이러합니다.

어느 한 인간이 서른 권의 책을 만나 새로운 세계를 경험하고 마침내 다른 누군가에게 그 이야기를 건넨다는 것, 그 자체만으로도 충분히 흥미롭고 의미 있는 일 아닐까?

이즈음에서 여러분께 드리고 싶은 당부가 두 가지 있

습니다.

첫째, 『서른 권의 열쇠』에는 제가 책을 만나게 된 계기, 그때 품고 있던 질문들, 그리고 책에서 찾았던 열쇠들을 담담히 적어본 글이 담겨 있습니다. 그러하기에 『서른 권의 열쇠』는 책의 내용을 일목요연하게 요약해서 전달하거나, 그에 대한 의견이나 비평을 담고자 한 게 아니라는 점을 기억해 주셨으면 좋겠습니다. 제가 『서른 권의 열쇠』를 통해 바라는 단 한 가지는 이 책이 계기가 되어 여러분이 '실제로 그 책을 읽어 보는 것'입니다.

둘째, 『서른 권의 열쇠』에서 소개하는 책들이 우리에게 새로운 세상을 여는 귀중한 열쇠를 제공해 준다 하더라도, 여기 들어 있는 내용이 '만고불변의 절대적 진리'는 아니라는 사실입니다. 수천 년의 세월을 견뎌온 고전이든, 최신 연구를 총망라한 과학서든, 인간의 심연을 파고드는 문학작품이든, 종류를 막론하고 하나의 책은 시대와 저자의 산물이고 그러하기에 그 시대와 저자에 종속될 수밖에 없는 태생적 한계를 지니고 있습니다. 절대적인 시대, 절대적인 저자가 있을 수 없다는 점은 그 자체로 자명한 일이니, 결국 절대적인 책이란 이 세상에 존재하지 않는 것입니다. 그러니 우리는 어떠한 책을 만나든 다음의 화두를 항상 가슴 한 켠에 간직할 필요가 있습니다.

과연 그러한가?

한 편, 한 편 글을 써 내려가면서 '아, 어쩌면 이것은 나를 위한 작업일 수 있겠구나' 하는 생각을 여러 번 했습니다. 손때가 묻은 책들을 다시 펴 보니 그곳에는 스무 살, 서른 살의 제가 들어 있습니다. 이를테면 『서른 권의 열쇠』는 그때의 저에게 지금의 저를 보여주는 거울이 되어준 셈입니다.

고등학교 문학 시간에 김소월 시인의 「산유화」를 배우던 때입니다. 그때 선생님께서는 '이 시는 완벽한 구조를 갖추고 있다는 평가를 받는데, 그 이유 중 하나가 처음과 끝이 이어지는 수미상관의 형식을 취하고 있기 때문'이라고 설명해 주셨습니다. 언젠가 여러분이 여러분만의 '서른 권의 열쇠'를 마련하고, 또 그것을 그다음 세대에게 건네게 된다면, 이 역시 꽤 괜찮은 수미상관 아닐까요. 이제 그 성패는 전적으로 여러분에게 달려 있습니다.

## 차례

• 여정을 시작하며 · 4

---

### I. 미술

**궁극의 아름다움은 어떻게 찾는가**

씨줄과 날줄로 엮이는 아름다움의 역사
E. H. 곰브리치 | 서양미술사 · 14

아름다움이란 무엇인가
오병남 | 미술론 강의 · 20

그림을 산다, 그림을 판다!
도널드 톰슨 | 은밀한 갤러리 · 28

---

### II. 클래식 음악

**영혼을 휘감아 오는 소리들**

클래식의 세계에 들어선 그대에게
진회숙 | 클래식 노트 · 38

단지 클래식을 사랑해서
안동림 | 이 한 장의 명반 클래식 · 45

글 쓰는 피아니스트라니
손열음 | 하노버에서 온 음악 편지 · 52

---

### III. 문학

**가장 진실된 허구**

인류의 역사와 함께 할 이름, 단테
단테 알리기에리 | 신곡(지옥·연옥·천국 편) · 60

개츠비는 어디에
F. 스콧 피츠제럴드 | 위대한 개츠비 · 69

목숨을 내어놓고 전하는 인간의 마음
나쓰메 소세키 | 마음 · 75

우리 곁의 작가
김영하 | 옥수수와 나 (제36회 이상문학상 작품집에서) · 81

## IV. 인간

친숙하고도 낯선 존재

좋은 것을 영원히 소유한다는 것
플라톤 | 향연 · 90

존재하고 싶지만 사실 소유하고도 싶다
에리히 프롬 | 소유냐 존재냐 · 98

오직 모를 뿐
숭산 스님 | 선의 나침반 · 104

인간이 아니라 유전자?
에드워드 윌슨 | 인간 본성에 대하여 · 111

## V. 역사

어디에서 와서 어디로 가는가

단 한 권의 책만 읽을 수 있다면
재레드 다이아몬드 | 총 균 쇠 · 118

나는 사피엔스다
유발 하라리 | 사피엔스 · 126

동북아, 역동의 무대
한중일3국공동역사편찬위원회 | 한중일이 함께 쓴 동아시아 근현대사 1 · 133

## VI. 정치·사회

자유와 구속, 갈등과 조화

자유, 그 위대한 이름
존 스튜어트 밀 | 자유론 · 142

정치가가 희망을 이야기할 때
버락 오바마 | 담대한 희망 · 150

상위 1퍼센트가 아니라 20퍼센트다
리처드 리브스 | 20 VS 80의 사회 · 156

위험을 감수하지 않는 자, 입을 다물라
나심 탈레브 | 스킨 인 더 게임 · 163

## VII.
## 경제

무엇을 만들 것인가,
누가 만들고 누가 쓸 것인가

자본가로부터 자본주의 구하기
라구람 라잔 · 루이지 징갈레스 | 시장경제의 미래 · 172

번영을 팔아먹는 사람들
폴 크루그먼 | 폴 크루그먼의 경제학의 향연 · 180

과학고의 교육시스템은 훌륭하다?
류근관 | 통계학 · 186

## VIII.
## 경영

어떻게 결정할 것인가

결국, 선택과 집중
장세진 | 글로벌경쟁시대의 경영전략 · 194

나아갈 곳은 경쟁이 아니라 독점이다!
피터 틸 · 블레이크 매스터스 | 제로 투 원 · 200

감으로 때우려 하지 말고
최종학 | 서울대 최종학 교수의 숫자로 경영하라 · 207

## IX.
## 헌법

국가는 왜 존재하는가

대한민국 국민의 기본권 보장을 위하여
대한민국헌법 · 216

- 여정을 나오며 · 228
- 『서른 권의 열쇠』에서 소개하는 책 · 231

일러두기

- 본문에서 직접 인용한 부분은 원문 표기를 그대로 따랐습니다.
- 외국어와 외래어는 국립국어원 외래어표기법을 따르되 몇몇 경우는 관용적 표현을 따랐습니다.
- 이 책에서 인용한 글은 모두 해당 저작권자의 허가를 받아 사용하고자 하였으나 저작권자와 연락이 닿지 않아 부득이하게 허가 없이 인용한 경우도 있음을 밝혀둡니다. 저작권과 관련한 사항은 출판사로 문의해 주시면 빠른 시일 안에 필요한 조치를 취하겠습니다.

# 미술
**궁극의 아름다움은 어떻게 찾는가**

I

# 씨줄과 날줄로 엮이는 아름다움의 역사

## E. H. 곰브리치 | 서양미술사

화가가 그의 그림을 계획해서 스케치하고, 그림이 완성되었는지 아닌지를 고심할 때 화가가 걱정하는 것은 말로 표현하기에는 훨씬 더 어려운 것이다. 아마도 그는 그의 그림이 '제대로' 그려졌는지 아닌지를 걱정한다고 말할 것이다. 미술가가 진정으로 추구하는 바를 우리가 이해하기 시작하는 것은 가장 겸손한 말로 표현되는 이 '제대로'라는 단어를 이해할 수 있을 때인 것이다.

-32쪽에서

이전부터 익히 들어 알고는 있었지만, 실제로 제가 이 책을 접하게 된 것은 학부 2학년 때 '서양미술의 이해'라는 교양 강의를 수강하면서입니다. 당시 친구들 사이에서는 유명한 강의를 줄여서 부르는 것이 유행했는데, '서미리'로 불리던 수업이었죠. 서미리는 '서음이(서양음악의 이해)'와 함께 수강생이 가장 많이 몰리는 교양 강의였습니다. 아마도 '교양'이라고 하면 먼저 떠오르는 것이 미술과 음악이기 때문이지 않았을까 싶습니다. 세상 모든 것에 관심이 가는 시기인 그때, 스무 살의 저에게도 미술과 음악은 놓칠 수 없는 삶의 과제로 자리매김했던 것이죠.

서미리 수업은 이집트 벽화에서부터 시작해 차근차근 진행되었지만, 아쉽게도 대부분의 교양 강의가 그렇듯 강의 시간이 부족해서 르네상스 시기에 즈음하여 종강했던 것으로 기억합니다. 저도 그때에는 이 책의 앞 부분만을 발췌하여 읽는 정도에 그쳤습니다. 돌이켜보면 당시에는 서양미술을 이해하는 것도 꽤 즐거운 일이었지만, 그보다 더 흥미 있는 일들이 훨씬 많았던 것 같습니다. 그러니 그 순간에 집중하는 데 더 많은 에너지를 쏟을 수밖에요.

제가 다시 이 책을 꺼내 든 것은 그로부터 꽤 시간이 흐른 뒤 대학원에 다닐 무렵이었습니다. 그때 저는 스무 살의 저와는 사뭇 달라져서 비로소 '인생을 진지하게 산다는 것'의 의미에 천착하고 있었습니다. 다른 말로 하면 아마도 '방황'이 될 겁니다. 내가 진정으로 좋아하는 것이 무엇인지, 얼마나 진지하게 좋아하는지 스스로 묻게 된 것입니다.

제가 그림을 좋아했던 이유는 그것이 '궁극의 아름다움'을 지향하기 때문이었습니다. '이 세상의 수많은 사람, 물건 들이 아름다워지려고 애를 쓰지만, 각기 본래의 목적과 기능이 있고 거기에 더하여 아름다움까지 갖춰보려는 것이다. 하지만 그림은 다른 목적과 기능 없이 오로지 아름다움 하나만을 열렬히 추구하지 않는가' 하는 생각이었던 것이죠. 그런데 막상 그림에 쏟았던 저의 시간과 에너지를 따져보니 굉장히 미미한 수준이었습니다. 진지함이 없었던 것입니다. 그 길로 책장 한 켠에서 다시 『서양미술사』를 꺼내 들어 한 페이지씩 읽기 시작했습니다.

제 경험에 비추어 보면, 사람과 책 사이에도 분명히 인연이라는 것이 있는 듯합니다. 그러니 마음에 들거나 꼭 읽고 싶은 책이 있으면 일단 사두는 것도 좋은 방법입니다. 당장 읽지는 않더라도 가까이 책이 머물고 있으면 언젠가 인연이 만들어지는 시기가 올 테니 말입니다.

제 주변만 보더라도 음악에 대해서는 각자 즐겨 듣는 곡이 있고 선호나 기호도 분명한데 비해, 미술이라고 하면 이렇다 할 감흥을 느끼지 못하거나 나와는 다른 세상이라 여기는 사람들이 많이 있습니다. 설령 미술을 좋아하더라도 국립현대미술관이나 예술의전당에서 하는 특별 전시를 가거나, 피카소, 반 고흐처럼 아주 유명한 화가들의 작품과 인생 스토리를 찾아보는 데 그치는 경우도 꽤 되고요.

이러한 현상에는 여러 이유가 있겠지만, 저는 우리가 음악에 들이는 시간보다 미술에 들이는 시간이 너무 짧기 때문에 그런 건 아닐까 생각해 본 적이 있습니다. 달리 말하면 미술에 대한 막연한 두려움 같은 게 있는 것입니다. 하지만 이 책의 저자는 미술 지식이 없더라도 인간이라면 누구나 '제대로' 그려져 있는 그림을 알아볼 수 있는 무언가를 '이미' 가지고 있다고 말합니다. 그리고 이러한 저자의 단언은 지금까지도 제가 미술을 바라보는 가장 강력하고도 믿음직한 좌표입니다.

뉴욕 모마MoMA의 한 벽면에 거대하게 자리잡고 있는 잭슨 폴록의 「원: 넘버 31」을 볼 때에도, 북악산 산자락 환기미술관에 걸린 '어디서 무엇이 되어 다시 만나랴' 연작

시리즈 앞에서도, 저의 머릿속 화두는 작가가 구현한 그 '제대로'가 무엇일까라는 물음 하나였습니다.

아마도 우리 모두가 미술 작품을 제대로 알아볼 수 있는 능력을 가진 것은 인간이 구현해 온 아름다움의 역사가 인류의 전통으로 체화되어 있기 때문일 겁니다. 이 책은 스페인 알타미라 동굴의 벽화에서부터 데이비드 호크니의 「어머니, 1982년 5월 4일 요크셔 브래드포드」에 이르기까지 서양미술이 지나온 아름다움의 역사를 때로는 거시적으로 때로는 미시적으로 조망하고 있습니다.

사실 서양 미술사를 설명하는 책은 이 책 말고도 무수히 많이 있고, 당장 서점에만 가 보아도 수십 권의 책을 손쉽게 찾아볼 수 있습니다. 그럼에도 제가 이 책을 짚어낸 것은 이 책만이 갖는 고유함이 있기 때문입니다.

씨줄과 날줄로 촘촘히 엮인 서사의 그물망.

저자는 각 시대의 주요 작품을 빠짐없이 설명하면서도 이야기의 큰 줄기를 결코 놓치지 않습니다. 이 책에 나오는 모든 작품들이 거대한 줄기 속에 얽히고설켜 있다는 점은 책에 등장하는 미술 작품의 수만큼이나 독자들의 경탄을 자아내는데, 가령 이 책 초반부에 등장하는 이집트 미술은 이 책의 마지막에 이르기까지 줄기차게 소환되어 우리 앞에 나타났다 사라지기를 반복합니다.

단순히 물리적 눈으로 바라보는 아름다움이 아니라 머릿속 눈으로 바라보는 완전함을 추구했던 이집트인들의 미적 감각은 고대미술에도, 비잔틴 예술에도, 그리고 마침내 현대미술에 이르러서도 각양각색의 모습으로 끊임없이 현현해 온 것입니다. 그리고 우리는 이 책의 마지막에 이르러서야 마침내 '그물망 같은 서사'는 사실 저자가 처음부터 철저히 의도한 것이었다는 점을 깨닫게 됩니다. 이 책을 쓴 궁극적 목적은 살아 있는 전통의 사슬이 오늘날의 미술과 태고의 피라미드 시대의 미술을 연결시켜주고 있다는 깨우침을 일깨우기 위함이었던 것이죠.

아무런 관련이 없을 것만 같은 고대 이집트의 고분벽화와 잭슨 폴록의 「원: 넘버 31」이 저 깊은 서양미술의 도도한 역사 속에서 '형태와 색채의 조화'라는 거대한 주제 아래 긴밀히 연결되어 있다는 사실. 저 멀리 이집트에서 벽화를 그리던 인류와 지금을 사는 우리가 '인간이 만들어 내는 아름다움'이라는 하나의 물줄기 아래 긴밀히 얽혀 거처하고 있다는 사실. 이 놀라운 사실을 여러분에게 전해주고 싶은 마음에 제가 '서른 권의 열쇠' 중에서도 가장 먼저 이 책을 꺼내 든 건 아닐까. 문득 그런 생각을 해보게 됩니다.

# 아름다움이란 무엇인가

## 오병남 | 미술론 강의

미술론의 문제는 미술사학의 그것과 다르다. 미술사학이 사실(fact)로서의 미술작품에 대한 설명에 기초하고 있는 것이라면 미술론은 미술의 개념(concept)에 대한 정의로부터 출발한다. 그렇다면 우리는 '미술'이라는 말과 그 개념부터 알아야 한다.

- 7쪽에서

'미학과 예술론'이라는 미학과 강의에서 정년이 얼마 남지 않은 오병남 선생님을 뵙게 되었습니다. 평소 철학 분야에 관심이 많았고, 대학에 들어와서도 여러 강의와 세미나에 줄기차게 참여했지만 당시까지 성과는 그다지 좋은 편이 아니었습니다. 이론의 학습 면에서나 사유의 경험 면에서나 좀처럼 결정적 계기를 만들지 못했던 것입니다. 이러한 상황을 타개해 보고자 했던 생각이 눈에 보이는 구체적 대상을 다루는 철학 분야를 찾아보자는 것이었습니다.

철학과에 다니던 친구에게 넌지시 물어보니 알려준 강의가 '미학과 예술론'입니다. 그리고 드라마틱하게도 이 강의는 말 그대로 '제 인생을 바꾼 강의'가 되었습니다. 마침내, 저 멀리 떠다니던 형이상학의 세계가 머릿속 어딘가에 안착하는 기분. 우리의 일상이 곧 철학이라는 체감을 하고 나니 주변 사람들도, 하늘의 구름도, 갤러리의 화이트월에 걸려 있는 그림들도 만 가지 의미로 다가오기 시작했습니다.

그해 여름 저는 생애 처음으로 철학적 사유란 무엇인가를 진지하게 '경험'했습니다. 수업에서는 한 학기 내내 고대 그리스인의 코레이아에서 시작하여 오늘날의 포스트모던 아트에 이르기까지 면면히 이어져 온 서구의 예술 활동을 조망하면서, 플라톤의 초월적 인식론에서부터 데리다의 후기 구조주의에 이르기까지 서구의 장대한 철학 이론들을 지렛대 삼아, 서구인들이 생각한 '미(beauty)'는 어떤 개념인지 집요하게 파고들었습니다. 그 줄기를 따라, 저는 비로소 이상과 실재, 이성과 감성, 선과 색, 형식과 주제의 대립 사이에서 펼쳐지는 예술가들의 활동과 그에 대한 철학자들의 담론을 '이해'해 보는 기회를 갖게 된 것입니다.

당시에도 그렇고 지금도 그렇지만, 제가 칸트의 '쇠네쿤스트schöne Kunst(아름다운 기술)' 또는 메를로퐁티의 '원초적 지각'이라는 개념 자체를 정확히 이해했던 것은 아닐 겁니다. 그 개념을 이해하려면 이를 집요하게 탐구했던 철학자의 책을 한참은 더 보아야 하겠죠. 제가 경험했던 것은 '예술이란 무엇인가'라는 거대한 질문을 놓고 일생 동안 고민해 온 노학자의 장대한 사유였습니다. 그리고 이 책에는 바로 그때 제가 경험했던 그 사유가 고스란히 녹아 있습니다.

그 시작은 처음 인용한 문단 속에 아주 잘 함축되어 드러납니다. 미술론의 문제는 미술이라는 '개념'에 대한 탐구에서 출발하기에 '미술'이라는 말과 그 개념부터 천착해 들어갈 필요가 있다는 것이죠. 사실 미술, 또는 예술의 영어

식 표현인 '파인 아트Fine Art'라는 말이 쓰이기 시작한 것은 17세기에나 이르러서였습니다. 이는 지금 우리가 인지하고 생각하는 '미술'이라는 말과 고대, 중세인들이 생각했던 미술의 개념 자체가 그 뿌리부터 다를 수 있다는 점을 암시합니다. 저자는 그 차이가 무엇이었을지, 그것이 우리에게 의미하는 바가 무엇인지, 그리고 한 시대나 한 사회가 생각하는 인간상과 미술이 어떻게 서로를 자리매김하는지 묻고 또 답하기를 끊임없이 반복합니다. 이 글을 쓰는 지금에도 스승과 제자들의 열기로 가득했던 강의실 정경이 눈앞에 선하게 펼쳐집니다.

이 책이 갖는 또 다른 매력은 우리들이 미술에 대하여 한 번쯤은 가질 법한 여러 의문에 대한 답을 곳곳에서 제시하고 있다는 점입니다. 앞서 곰브리치의 『서양미술사』를 소개하면서, 저는 우리가 음악에 비해 미술을 어려워하는 이유는 미술을 보는 시간이 너무 짧아서라고 이야기했습니다. 하지만 사실 미술 작품을 무작정 많이 본다고 하여 저절로 미술 감상이 이루어지는 것은 아닙니다. 이 책 서문에는 다음과 같이 적혀 있죠.

서양미술, 특히 현대미술이라고 해서 단순히 본다고 감상

될 수 있는 것이 아니다. 감상이란 작품에 대해 갖는 좋은 감정의 향수(enjoying)와 함께 폭넓은 이해(understanding)를 요구하는 경험이기 때문이다. 그러므로 '두드려라, 그러면 열리리라'라는 주문처럼 '보라, 그러면 터득하리라'라는 조언은 전혀 진실이 아니다.

- 12쪽에서

흥미롭게도 이것은 곰브리치의 책에도 그 표현만 다를 뿐 여러 차례 등장하는 잠언입니다. 고대 이집트인은 물리적 눈이 아닌 머릿속 눈으로 바라보는 세계를 그렸습니다. 그 머릿속 눈을 알아채려면 당연히 우리는 고대 이집트인들에 대한 "폭넓은 이해"를 선행해야 하는 것입니다.

이러한 의문도 있습니다. 여러분은 '포스트모던'이라는 단어를 수도 없이 들어보았을 것입니다. 그런데 '포스트모던'이라는 이름 하에 좀체 가늠하기 어려운 예술 작품이 너무 많다는 생각을 해보진 않았나요. 전 세계적으로 화제가 되고 고가에 팔려 나간다고 해서 그 작품이 곧 '미적 가치'를 띠게 되는 것은 아닙니다.

누차 강조했듯 창의성의 추구는 어떤 목적, 우리를 잡아

*끄는 미적 가치의 구현을 위한 수단이어야 하지 그 자체가 목적이 되어서는 안 된다. 그렇지 못할 때 예술은 '무의미'한 것으로 귀결되고 말 것이다.*

- 295쪽에서

오늘날 우리들의 눈길을 잡아 끄는 것은 헤아릴 수 없을 정도로 많습니다. 백화점에 즐비한 고가의 상품들을 차치하고서라도, 네온사인을 수놓은 기발한 광고에, 관광지에 가면 늘 만나게 되는 기념품까지. 예술 작품과 이들을 구분하는 기준이라는 게 있다면, 그래서 예술 작품을 비로소 예술로 명명하는 무형의 심판관이 있다면, 그가 들고 있는 가늠자는 '미적 가치의 구현'이라는 이름표를 달고 있을 것이라 저자는 단언합니다.

하나만 더 이야기해 볼까요. 이 책의 장대한 서사는 마침내 우리네 역사의 심원에 자리하는 석굴암 본존불상에까지 흘러 들어갑니다. 돌이켜 보면 경주 여행의 하이라이트는 항상 은은한 미소의 석굴암 본존불상을 보러 가는 것이었습니다. 고대 신라의 창대한 문화가 만들어 낸 석굴암 본존불상이 아름다운 이유는 무엇일까. 오래전 석굴암의 아름다움을 다룬 다큐멘터리를 보다가 석굴암에서 서양의

헬레니즘 시대에 사용된 균제 비례(10분의 1)를 찾을 수 있다는 설명을 접한 적이 있습니다. 과연 그것이 고대 신라인이 생각했던 아름다움이었을까, 이러한 의문에 대해 저자는 참으로 놀랄 만한 생각을 전합니다.

> 신라 불상을 그렇게 재구성해낼 수도 있지만 그러나 그러한 구성은 어쨌건 근대적인 미학의 어느 한 경향에 기초해서 수행된 경험적 관찰의 재구성이지, 신라 불상이 지닌 미의 본질에 대한 해명은 될 수 없다.
>
> -360쪽에서

> 우리는 신라의 불상을 통해 인간과 부처의 연속성 속에서 인간화된 부처의 모습을, 그리고 부처로 승화된 신라인의 모습을 번갈아 가며 감지할 수 있다. 그럴진대, 그것은 다른 나라의 어느 불상과도 같을 수가 없음은 너무도 자명한 일이다. 외형적인 양식은 비슷하더라도 비슷한 양식으로 구현된 석굴암 불상의 모델은 착하고 온화한 신라의 젊은이가 아니었을까 하는 점 때문이다. 이것이 바로 석굴암 본존 불상에서 맛볼 수 있는 비밀스럽지만 친숙한 미의 고유성이다.
>
> -364~365쪽에서

저 역시 여러 번 석굴암 본존불상에 가보았습니다. 그때마다 신비스러우면서도 친숙한 부처의 미소에 빠져서는 불상 아래 펼쳐진 세상사의 번잡함은 깡그리 잊어버릴 수 있었죠. 하지만 그러한 물아일체의 경험 속에서도 그렇게 친숙하게 느껴지던 부처의 본원이 신라의 젊은이라는 생각은 단 한 번도 해보지 못했습니다. 신라의 젊은이라면 정말이지 밤새도록 같이 떠들 수 있겠다 싶을 만큼 가까이 느껴집니다.

제가 '미학과 예술론' 강의를 수강할 때는 미술론 강의가 출간되기 전이었습니다. 당시 선생님께서 '미술론을 정리한 별도의 책을 준비하고 있는데, 언제 출판이 될지는 기약이 없다'라고 하시면서 특유의 너털웃음을 짓던 모습이 아직도 생생합니다. 그로부터 10년 정도가 흐른 뒤 서점 가판대를 지나치다가 우연히 이 책을 발견하게 되었습니다. 반가운 마음에 표지를 넘겨 보니 마치 교수님께서 직접 읽어주신다는 느낌이 들 만큼 그 강의가 고스란히 책 속에 들어와 있었습니다. 이것이 책(기록)이 갖는 의미일 것입니다. 사라진 소리가 글로서 남는 것입니다.

# 그림을 산다, 그림을 판다!

### 도널드 톰슨 | 은밀한 갤러리

그렇다면 사람들은 왜 그처럼 터무니없이 비싼 가격에 박제 상어를 구입하겠다는 생각을 하는 것일까? 그 대답은 간단하다. 현대미술계에서는 논리적인 판단력보다 브랜드가 중요하게 작용하는데, 이 작품은 보기 드물게 최고의 브랜드를 여러 개나 달고 나온 희귀작이기 때문이다.

-29쪽에서

몇 년 전 바나나 하나가 약 12만 달러에 팔려 나가 전 세계적으로 화제가 된 적이 있습니다. 아트 바젤 마이애미에 전시되었던 이탈리아의 유명한 예술가 마우리치오 카텔란의 작품, 「코미디언」이었습니다. 그마저도 얼마 못 가 어느 행위 예술가가 이 바나나를 먹어 치워 버렸죠. 이런 상황에서 도대체 작품 구매자는 무엇을 가져간 것일까요? 구매자는 '바나나'가 아니라 (바나나는 이미 없어져 버렸으니까요) 그 대신 작품에 대한 '정품 인증서'를 받아 갔습니다. 그 인증서가 카텔란이 이 세상에 내놓은 새로운 '아이디어'의 유일한 소유자라는 점을 '증명'해주는 종이라 믿고 가져간 것입니다.

이러한 에피소드가 더 이상 낯설게만 느껴지지는 않습니다. 꽤 오래전부터 유사한 소식들이 심심치 않게 등장했으니 말입니다. 이 책의 원제를 직역하면 '1,200만 달러짜리 박제 상어(The $ 12 Million Stuffed Shark)'인데, 이 비싼 상어는 오늘날 유명한 화가 중 하나인 데미안 허스트의 1991년작 「살아 있는 자의 마음속에 존재하는 죽음의 물리적 불가능성」이라는 작품 속 박제 상어를 가리킵니다. 호주에서 잡힌 뱀상어 시체가 통째로 유리 탱크 속에 들어앉아 있는 것이죠. 우리와 마찬가지로 이 책의 저자도 도대체 왜 이 작품이 1,200만 달러에 판매되었는지 그 이유가 궁금했나 봅니다.

도널드 톰슨은 독자들이 이 책을 통해서 "현대미술, 미술 작품 딜러, 그리고 경매회사 사이를 연결하는 경제적 원리는 무엇인지, 돈, 욕망, 점점 커지는 소유욕 따위의 세계가 어떠한지"(42쪽)를 들여다볼 수 있다고 말합니다. 오늘날 미술 세계를 이해하는 또 하나의 열쇠가 바로 여기에 있습니다. 이곳은 작가, 갤러리, 아트 페어, 미술관, 컬렉터라는 플레이어들이 종횡무진 활약하는 '거대한 비즈니스 세계'입니다. 카텔란의 바나나가 12만 달러에 팔린 이유도 바로 여기서 찾아볼 수 있죠.

비즈니스 세계는 '거래'라는 경제적 교환을 궁극의 목적으로 하기에 필연적으로 작가의 작업실이나 스튜디오와는 다른 공기를 띨 수밖에 없습니다. 그래서일까요. 대부분의 작가들은 이 세계에서 고전을 면치 못하는 경우가 부지기수이고, 이러한 작가들의 우울한 이야기는 미술 관련 책들의 단골 에피소드로 등장합니다.

이 세계를 움직이는 사람들은 따로 있습니다. 세계적

인 갤러리를 운영하는 갤러리스트와 옥션하우스, 그리고 막대한 자금력을 갖춘 컬렉터 들이 바로 그들이죠. 저자는 갤러리스트와 옥셔니어, 그리고 컬렉터 들이 과연 어떠한 생각을 하고 실제로 무슨 일을 하는지 우리에게 속속들이 보여줍니다.

아이러니하게도 허스트나 제프 쿤스, 카텔란과 같은 작가들이 세상의 주목을 받은 계기도 마찬가지 이유에서였습니다. 이들은 보기 드물게 작가이면서도 비즈니스 세계의 주인공이 될 자질을 동시에 갖춘 사람들이었습니다. 오히려 기존의 작가들과는 달리, 고전을 면하는 정도가 아니라 그 세계에서 가장 치밀하면서도 화려하게 자신들을 '포지셔닝'하고 '세일즈'할 수 있는 능력의 소유자들이었죠. 그 덕에 이들은 수많은 작품을 만들어 낸 것은 물론이거니와, 막대한 부와 명성도 동시에 거머쥘 수 있었던 것입니다.

흥미로운 점은 최근 들어 NFT(대체불가능토큰, Non-fungible Token)를 매개로 한 디지털 아트가 출현하면서 젊은 작가들 사이에서 거대한 비즈니스 세계 자체를 통째로 뛰어넘으려는 시도가 과감히 이루어지고 있는 현상입니다. 카텔란은 그나마 '물리적으로 존재하는' 바나나를 전시했지만, 얼마 전 무려 약 6,984만 달러에 낙찰된 비플Beeple의 디지털 아트 작품 「매일: 첫 5,000일」은 디지털 파일의 형태로만 존재하기에, 어디에서도 볼 수 있으나 그 누구도 직접 만져볼 수는 없습니다.

디지털 아트와 블록체인, 토큰의 결합을 통해 NFT 작가들은 거대한 갤러리와 옥션에 의지할 필요 없이 직접 컬렉터들과 교류하고 그들만의 커뮤니티를 키워나갈 수 있는 발판을 마련해 가고 있는 것이죠. 하지만 비즈니스 세계에서 이러한 기회를 쉽사리 놓칠 리가 없습니다. 무엇이든 받아들이고 이를 교환품으로 바꾸어 내는 유연함이 이 세계의 가장 큰 무기이니 말입니다. 이미 가고시안을 비롯한 뉴욕의 유명 갤러리와 옥션하우스는 NFT라는 새로운 기술에 지대한 관심을 쏟으면서 자신들만의 독특한 사업 모델을 앞다투어 시장에 선보이고 있기도 합니다.

다시 책 이야기로 돌아와 보면, 이 책의 주요 무대인 뉴욕은 명실상부 오늘날 아트 비즈니스의 중심지입니다. 뉴욕 맨해튼 남서부의 첼시 지역에는 가고시안, 데이비드 즈워너, 페이스 등 세계적인 갤러리를 필두로 약 300여 곳의 갤러리들이 운집해 있습니다. 최근의 팬데믹 사태로 많은 갤러리가 폐업을 하였다는 안타까운 소식이 들려오기도 했지만, 이제는 일상을 회복하여 예전의 열기를 거의 회복해 가고 있지요.

뉴욕 유학 시절, 저는 100여 곳이 넘는 첼시 지역 갤러리들을 둘러본 적이 있습니다. 누구나 살면서 독특한 경험 하나 정도는 하게 마련인데, 저에게는 이것이 그러한 경험인 셈입니다. 당시 저는 각 갤러리에 전시되어 있는 작품의 종류와 수에 말 그대로 압도되었습니다. 이 갤러리들이 바로 오늘날의 아트 비즈니스를 주도하는 핵심 플레이어입니다. 신진 작가를 끊임없이 발굴해 내고 작가의 브랜드를 만들어 내는 최전선에 이들이 자리잡고 있습니다. 하지만 갤러리들이 여전히 대중 친화적이지 않은 면모를 가지고 있는 것 또한 사실입니다. 이는 다분히 갤러리가 의도한 것이기도 한데, 이 책의 저자는 사람들이 혹시 갤러리 안으로 들어갔다가 갤러리 딜러가 자신을 '훼방꾼' 대하듯 하거나 '바보로 알고 무시'하면 어쩌나 하는 두려움을 가지고 있다고 묘사하기도 하지요.

저는 여러분이 미술에 관심이 생긴다면 과감히 갤러리 문턱을 넘어가기를 권합니다. 그림 보는 안목을 기를 수 있는 것은 물론이거니와 아트 비즈니스 세계에 들어설 수 있는 기회를 얻을 수 있기 때문입니다. 우리가 당장에 고가의 가격이 책정된 그림을 직접 사서 '소유'하기는 어렵겠지만, 이것이 곧 그 그림을 '향유'하는 것까지 가로막는 것은 아닙니다. 사실 자신이 좋아하는 작품에 대한 기호나 취미가 형성되기 전이라면, 무작정 그림을 사는 것보다 다양한 작가와 작품을 만나보고 자신과 그 작가와 작품이 어떻게 상호작용을 일으키는지 유심히 관찰하는 게 더 의미 있는 일이기도 합니다. 그런 다음에 '저 그림은 누가 뭐래도 내 곁에 두고 싶구나' 하는 마음이 확고히 들 때, 그때 그림을 사도 전혀 늦지 않은 것이죠.

말이 나온 김에 이제 삶의 열쇠를 본격적으로 찾아 나서는 여러분에게 미술 세계를 알아가는 소소하지만 매우 효과적인 비책 몇 가지를 더 전해보려 합니다. 경복궁 옆 국립현대미술관 서울관 2층에는 디지털 도서관이라는 곳이 있습니다. 이곳은 미술사·미학·아트 비즈니스는 물론이고, 서양·동양·한국 미술 관련 각종 책과 작품집 들이 한데 모여 있는 미술의 보물 창고입니다. 이곳에 들러 이 책, 저 책 들추다 보면 내가 무엇을 읽어야 할지 무엇을 보아야 할지 저절로 알 수 있을 것입니다.

또한 아트시라는 웹사이트(artsy.net)에는 오늘날 전 세계에서 활약하는 작가들의 작품은 물론이고 갤러리 전시,

아트 페어, 경매 일정까지 일목요연하게 정리되어 있습니다. 이 책을 읽고 나면 아트시 웹사이트의 구성이 한눈에 이해될 것입니다.

마지막으로 하나 더, 요즘에는 많은 사람들이 소셜네트워크 계정을 가지고 있습니다. 가고시안이나 데이비드 즈워너, 혹은 우리나라의 갤러리 몇 군데를 친구로 추가하거나 팔로우하는 것은 지금 이 순간 전 세계에서 가장 각광받는 미술 작품을 만날 수 있는 아주 손쉬우면서도 효과적인 방법입니다.

이 책은 우리나라에서 2010년에 출판되었는데, 아쉽게도 지금은 절판이 되어 서점에서 구매하기가 쉽지 않은 상황입니다. 저도 국립현대미술관 디지털 도서관에서 이 책을 빌려서 처음 읽었고, 어렵사리 지인을 통해 이 책을 손에 넣을 수 있었습니다. 이러한 사정에도 굳이 이 책을 여러분께 소개해 드리는 이유는 이 책이 갖는 깊이와 생동감 때문입니다. 어렵게 구해서라도 읽어볼 만한 가치가 있는 책이라는 것이죠. 언젠가 새로운 장정으로 독자들 앞에 다시 나타날 날이 오기를 기대해 봅니다.

# 클래식 음악

영혼을 휘감아 오는 소리들

Ⅱ

# 클래식의 세계에 들어선 그대에게

### 진회숙 | 클래식 노트

클래식 음악을 하도 많이 들어 음악을 듣자마자 곡의 제목과 작곡가를 척척 맞춘다고 해서, 작품번호를 줄줄이 외우고 작곡에 얽힌 에피소드부터 작곡가의 애정 편력에 이르기까지 관련된 모든 것을 빠짐없이 알고 있다고 해서, 그 사람이 클래식 음악에 일가견이 있다고 할 수 있을까. 이는 어디까지나 본질과는 거리가 있는 지식에 불과하다.

— 5쪽에서

로펌 변호사들은 출근 시간이 조금 늦은 편입니다. 전날 밤 늦게 퇴근을 하니 조삼모사라 할 수 있습니다만, 어찌됐든 그 덕에 저는 매일 아침 출근 길에 KBS 클래식 FM에서 방송되는 〈윤유선(유명한 탤런트 그분이 맞습니다)의 가정음악〉을 30분 정도 듣는 소확행을 누리고 있습니다. 그곳은 유려한 라디오 디제이를 허브 삼아 클래식 음악 애호가들이 서로의 삶과 음악을 나누는 현대판 클래식 살롱이라 할 수 있지요.

저는 최근에야 클래식 음악을 찾아 듣게 된 클래식 늦깎이입니다. 우연히 찾은 공연에서 만난 피아니스트 김영건의 7분짜리 연주, 쇼팽의 폴로네이즈 6번 「영웅」이 그 시작이었습니다. 그간 까맣게 잊고 지내던 떨림과 흥분이 연주 내내 저를 감싸왔죠.

시간이 지나서, 왜 그때 제가 그러한 감정을 느끼게 되었는지 잠시 생각해 본 적이 있습니다. 물론 위대한 작곡가의 곡, 훌륭한 연주자의 연주라 그러했겠지만 제가 처해 있던 상황도 크게 한몫했던 듯합니다. 숨이 턱 밑까지 찼는데 그런 줄도 모르고 앞만 보고 뛰던 마라토너에게 누군가 물병 하나를 건네준 것입니다. 그러고 보니 책도 그렇지만 음악에도 인연이란 것이 있다는 생각을 해보게 됩니다.

쇼팽의 곡을 찾아 듣다 보면 자연스레 만나게 되는 음악가가 있습니다. 이 시대의 젊은 거장, 피아니스트 조성진입니다. 2015년 제17회 쇼팽 국제 피아노 콩쿠르에서 한국인 최초로 우승을 차지한 그는 지금까지도 지치지 않는 열정으로 수많은 명연을 이어가고 있습니다. 그의 연주를 듣다 보면 연주를 더 잘 듣고 싶다는 마음이 시나브로 따라옵니다. 그가 연주하는 곡의 작곡가, 제목, 협연하는 오케스트라 등이 궁금해지고 더 알고 싶어지는 것이죠. 그러한 마음이 커지고 커져 결국 클래식 입문서를 찾아 발걸음을 떼게 되었습니다.

명동성당 앞 광장 지하 마당에는 조그마한 서점이 있습니다. 회사에서 5분이면 닿는 거리라 시간이 날 때마다 잠시 들러 이 책 저 책 둘러보곤 하는 곳입니다. 온라인몰에서 책을 사는 것이 일상이 된 시대에 작은 서점이 가까이 있다는 것은 그 자체만으로 큰 선물이 됩니다. 클래식 분야 책이 모여 있는 책장 앞에 가만히 서서 한 권 한 권 책을 훑어보았습니다. 제가 책을 고르는 기준은 이것입니다.

전체적인 얼개를 놓치지 않으면서도 끊김 없이 글 줄

기가 이어지는가?

단순히 에피소드만 나열해서는 책 전체를 관통하는 하나의 서사를 만들어 낼 수가 없습니다. 그리고 이 책의 서문에서 "에피소드도 좋지만 음악을 공부하는 것이 먼저다"라는 문구를 발견하고서는 곧장 집어 들었습니다.

저자는 음악평론가, 칼럼니스트로서의 오랜 경험을 바탕으로 우리가 클래식 음악을 듣기 위해 미리 알아야 할 개념을 지루하지 않으면서도 상세하게 설명하고 있습니다. 이론과 에피소드를 균형 있게 제시하기 위한 저자의 고민도 곳곳에서 느낄 수가 있죠. 저자는 광대한 음악 이론의 거푸집 속에 우리가 잘 아는 음악가들의 고뇌와 번민을 생생히 채워놓고자 책 곳곳에서 부단히 애를 쓰고 있습니다. 일례로 저자가 클래식 음악 초심자에게는 다소 난해할 수 있는 대위법과 화성학을 설명하는 부분은 특히 인상적입니다. 왜 음악 이론만으로 음악을 만들 수 없는지 명쾌한 설명이 이어집니다.

> 그렇다면 대위법과 화성학의 규칙만 잘 지키면 훌륭한 작곡가가 될 수 있는 것일까? 물론 그렇지는 않다.
> 대위법과 화성학을 활용해 작곡을 한다는 것은 수학 문제

를 푸는 것과는 분명 차이가 있다. 음악이기 때문이다.

음악은 기본적으로 아름다워야 한다. 모든 법칙을 머릿속에 입력해 놓고 열심히 음정을 계산해 가며, 주어진 규칙을 모두 지키며 아름다운 선율을 만드는 것은 어려운 일이다.

대위법과 화성학 문제를 풀면서 이 문제를 절감했다. 멜로디의 자연스러운 진행에 신경 쓰다 보면 어느새 화음의 금기를 범하게 되고, 반대로 화음에 신경을 쓰다 보면 멜로디의 흐름이 자연스럽지 못하게 되는 경우가 다반사였다.

모든 음들이 금기를 어기지 않으면서 음악적으로 아름다울 것. 이렇게 수학적인 계산력과 예술적인 창의력을 동시에 요구하는 것이 바로 대위법과 화성학이다.

- 206~207쪽에서

제가 '서른 권의 열쇠' 중 하나로 이 책을 고른 또 다른 이유는 여러분이 익숙하지 않은 새로운 분야에 들어설 때 그 시작을 어떻게 하면 좋을지 조그마한 아이디어를 전해 주고 싶어서입니다. 바로 '전체적인 얼개를 보여주면서도 재미 있는 책'을 찾아내는 것. 유튜브도 좋고 구글 검색도 좋지만, 이런 책을 한 권 찾아낸다면 이미 절반은 성공한 것이라 해도 지나치지 않습니다. 얼개를 갖추면서도 재미가 있다는 것은 저자의 생각이 하나의 서사로 단단히 묶여 있다는 것을 뜻합니다. 제가 곰브리치의 『서양미술사』를 소개하면서 언급했던 "씨줄과 날줄로 촘촘히 엮인 서사의 그물망"이 바로 그것이죠.

하지만 아쉽게도 이러한 책을 찾아내는 데 왕도는 없습니다. 틈틈이 여러 책들을 들춰보고, 여러 사람들로부터 책에 대해 들어보고, 다른 독자의 독서 경험을 부지런히 찾아보는 수밖에요. 다만 확실하게 말씀드릴 수 있는 점은 자꾸 연습하다 보면 분명 그 눈은 열리게 되어 있다는 것입니다. 그리고 '전체적인 얼개를 보여주면서도 재미 있는 책'을 찾아보겠다는 확실한 지향을 새기고 있다면 그 속도가 더욱 빨라지리라는 것은 두말할 나위가 없겠지요.

말이 나온 김에 이즈음에서 한 번은 꼭 짚고 넘어가야 할 주제가 있습니다. 어쩌면 우리가 독서를 하면서 가장 염두에 두어야 할 '자각'이 될 수도 있을 텐데, 책은 어디까지나 '목적'이 아니라 '수단'이라는 점입니다. 우리는 '클래식 음악을 잘 듣기 위해' 이 책을 읽는 것입니다. '1년에 100권 읽기', '나는 1,000권의 책을 읽었다'처럼 단지 읽어낸 책의 숫자가 독서의 지표가 되는 현상은 가장 경계해야 할 독서관입니다. 읽어낸 책의 숫자를 세는 것은 우리를 '독서를 위한 독서'로 몰고 가고, 결국에는 우리가 독서를 하는 목적 자체를 잊게 만들기 때문입니다. 단순히 책을 많이 읽는 것이 중요한 것이 아니라 '좋은 책'을 '꼼꼼히 읽는 것'이 중요합니다. 한 문장 한 문장 읽어 내려가면서 자신만의 생각과 경험에 터 잡아 그 문장의 의미를 되새김질하는 과정이 반드시 필요한 것이죠. 책을 읽는 속도에 집착하면 절대 할 수 없는 일이 책을 꼼꼼히 읽는 작업입니다.

그리고 좋은 책을 꼼꼼히 읽기 위해서 반드시 전제되어야 하는 것은 '책을 읽는 목적에 대한 진지한 성찰'입니다.

나는 왜 이 책을 읽는가?

이 단순하지만 무거운 질문에 답을 할 수 있어야 비로소 우리는 진정한 독서로 나아갈 수 있습니다. 클래식 음악을 잘 듣기 위해 이 책을 읽는 것처럼 말입니다.

# 단지 클래식을 사랑해서

## 안동림 | 이 한 장의 명반 클래식

결국 음악은 오디오가 아니다. 그 음악을 궁극적으로 받아들이는 최고의 명기는 나 자신이다. 그가 놓인 처지, 심경, 교양, 생활이 음악을 듣는 핵심이라는 너무도 평범한 진실을 다시 한 번 깨달았다.

- 8쪽에서

뉴욕이나 도쿄와 같은 대도시에 처음 가면 광활한 도시와 높은 건물 사이에서 내가 어디에 있는지 도통 알 수 없는 경우가 생기곤 합니다. 이럴 때 제가 자주 쓰는 방법은 도시 한가운데 높다랗게 솟아 있는 전망대를 먼저 찾아가는 것입니다. 맨해튼 한가운데 위치한 엠파이어 스테이트 빌딩이라든지 도쿄의 시청 건물 같은 곳입니다. 이런 곳에 올라서면 끝없어 보이던 도시도, 아득히 높아 보이기만 하던 마천루도, 어느새 제 발밑에서 그 전모를 드러내어 놓습니다. 그렇게 도시의 경계와 높이를 한눈에 조감하고 나면 마치 도시를 다 돌아본 것 같은 착각마저 드는데, 그러고 나서 다시 지상으로 내려오면 올라가기 전과는 딴판으로 한 걸음 한 걸음 걸어볼 여유를 갖게 됩니다.

저에게는 클래식 음악의 세계도 낯선 메트로폴리탄처럼 처음에는 거대하고 아득하게만 느껴졌습니다. 수백 년의 역사 동안 켜켜이 쌓여온 음악과 연주의 바다 앞에서 어디서부터 어떻게 시작해야 할지 좀체 갈피를 잡을 수가 없었지요. 그런 저에게 클래식 음악을 오래 들어왔던 친구가 이 책을 소개해 주었습니다. 그러니까 비유를 해보면 이 책은 클래식 음악이라는 메트로폴리탄에서 저에게 엠파이어 스테이트 빌딩의 전망대가 되어준 셈입니다.

저자는 스스로를 '클래식 음악을 전공한 전문가나 비평가가 아닌 애호가'로 소개합니다. 그는 오랜 기간 대학에서 영문학을 연구하고 가르친 학자이면서도 클래식 음악에 대한 남다른 애정과 열정으로 무려 20여 년이 넘는 기간에 걸쳐 이 책을 완성하였습니다. 이 책은 1,500여 페이지가 넘는 방대한 분량을 자랑하는데, 저자 스스로 "사전적인 기능과 실용성을 어느 정도 충족시키며 아울러 음악사까지 대강 부감하여 명곡 명반을 한눈에 살필 수 있도록" 노력했다고 밝히고 있습니다. 이보다 이 책을 더 잘 설명할 수는 없겠다는 생각이 듭니다.

클래식 입문자를 위한 저자의 세심한 배려는 그가 부록에서 별도로 정리한 '음악사 속의 명곡·명반 150'에서도 찾아볼 수 있습니다. 저자는 그레고리오 성가에서부터 메시앙의 「투랑갈릴라 교향곡」에 이르기까지 자신이 나름대로 세운 기준에 맞춰 추린 150여 개의 명곡·명반을 서양 음악사의 흐름에 따라 간결히 정리해 놓고 있습니다. 저는 본문에 앞서 부록에 정리된 클래식 음악들을 먼저 차례차례 들어보았는데, 여러분 중 성미가 다소 급한 사람에게는 이것이 더 맞는 방법이 되지 않을까 싶기도 합니다.

이 책의 모든 페이지가 물론 그러하지만 저자의 클래식에 대한 열정적 면모를 단적으로 보여주는 부분이 있습니다. 바로 『연주의 탄생』이라는 희귀 명반을 소개하는 부분입니다. 이 음반에는 브루노 발터가 지휘한 모차르트 교향곡 제36번 「린츠」의 연습 풍경이 녹음되어 있는데, 저자는 그 연습 풍경을 일일이 다 책에 옮겨 적고 있습니다. 무대에 오르기 전 연주를 준비하는 지휘자의 모습이 눈앞에 생생히 펼쳐집니다.

### 제1악장 아다지오-알레그로 스피리토소

1. 굿모닝 …… 자 여러분, 제6번 교향곡(제36번의 생략?) 연습을 시작합시다. 서주부부터…… (연주 : 제1~2 소절)

2. 32분 음표를 조금 짧게 해주세요! (노래한다) 다시 한 번…… (연주 : 제1~2소절)

3. 여러분, 8분 음표가 너무 길어요! 내가 다시 박자를 칠 때, 그것들은 모두 사라지고 없어야 합니다! (노래한다) 너무 길어요! (연주 : 제1소절)

4. 너무 길어요! 너무 길어. 8분 음표가 너무 길어요! …… (노래한다) 4분 음표를 부는 건 트럼페트뿐입니다. 당신들(2명)은 4분 음표예요. 다른 사람은 모두 8분 음표입니다. (노래한다) (연주 : 제1~2소절)

5. 너무 길어요! (노래한다) '휴지(休止)'라는 말을 할 수 있어야 합니다. (휴지 부분에서) (노래한다) 트럼페트는 연주를 멈추고 현과 목관만으로…… (노래한다) (연주 : 제1소절)

6. 많이 좋아졌어요, 하지만 완전하지는 못해요!…… (노래한다) 다시 한 번 되풀이해서! (연주 : 제1~2소절) 그래요! 그것, 그래요! 그렇습니다. 그래요. 예.

(후략 …)

— 164쪽에서

 늦바람이 무섭다는 말이 있지요. 저는 뉴욕에서 유학하던 때 뉴욕 필하모닉 오케스트라의 1년 치 프로그램을 통째로 예약해서 15개 남짓한 공연에 모두 다녀온 적이 있습니다. 뉴욕 필의 한 시즌은 보통 9월에 시작해서 이듬해 6월 정도에 끝나니까 2, 3주에 한 번씩은 꼬박꼬박 공연장을 찾은 셈입니다. 저는 공연장이었던 앨리스 툴리 홀Alice Tully Hall로 향할 때마다 일부러 조금 일찍 나서곤 했는데, 운이 좋으면 미리 무대에 나와 합을 맞추는 연주자들의 모습을 볼 수 있었기 때문입니다. 이 책의 저자가 적어놓은 '린츠 교향곡 연습 풍경'의 실사판이라고 할 수 있죠. 하도 자주 가서 단원들의 얼굴이 모두 눈에 익을 때가 되어서도 이러한 저의 루틴은 멈출 줄 몰랐습니다. 단원들이 각자의 악기를 껴안아 들고 화사하게 이야기 하는 모습, 그 자체가 마냥 좋았던 것입니다.

다시 책 이야기로 돌아와서, 우리가 책을 읽는 방법에는 여러 종류가 있습니다. 한 문장 한 문장 그 뜻을 헤아려 읽어내야 하는 교과서와 같은 책들이 있는 반면, 끊임없이 이어지는 이야기 흐름을 놓치지 않기 위해 단숨에 읽어 내려가야 하는 문학 작품 같은 책도 있지요. 이 책은 우리네 인생에 걸쳐 틈틈이 찾아 읽어야 할 일종의 음악 사전과 같다고 할 수 있습니다. 한꺼번에 다 해치워야 하는 책이 아니라 가까이 두고 쉼 없이 찾아보아야 하는 사전과 같은 책인 셈입니다. 저도 여전히 책꽂이 한 켠에 이 책을 놓아두고 시간이 날 때마다 한 페이지, 한 페이지씩 넘겨본 후 그 음악을 찾아 듣곤 합니다.

하나의 봉우리에 올라서면 밑에서는 보이지 않던 봉우리들이 끝도 없이 펼쳐져 있는 것을 알게 되는 것처럼, 이 책 너머에도 더 광활한 클래식의 세계가 우리를 기다리고 있을 겁니다. 하지만 이제는 그것이 아득한 두려움이 아니라 설렘으로 다가옵니다. 이것이야말로 저자가 긴 세월

이 책을 써 내려가면서 우리에게 주고 싶었던 진심 아니었을까요.

이 책에는 짝이 있습니다. 바로 『이 한 장의 명반 오페라』입니다. 오페라 아리아에 대한 인터뷰\*에서 저자의 오페라에 대한 또 다른 열정을 발견할 수 있습니다.

"클래식 음악은 기악곡과 성악곡 등 다양하지만 결국은 음악 사랑의 종착역은 오페라 아리아입니다. 사람의 목소리만 한 악기가 없기 때문이죠. 아름다운 가사와 멜로디의 오페라 아리아는 그래서 예술의 극치입니다."

일생을 클래식 음악과 함께한 노년의 애호가가 "예술의 극치"라고 평할 정도이니, 이제는 여러분 마음에도 오페라의 세계에 들어가 보아야겠다는 다짐이 한가득 생기지 않았을까 짐작해 봅니다.

---

\* 안동림 "아리아는 클래식음악 사랑의 종착역" (《연합뉴스》, 2011. 4. 6)

# 글 쓰는 피아니스트라니

### 손열음 | 하노버에서 온 음악 편지

가족도, 친구도, 전화기도, 악보도, 아무것도 내 곁에 없는데, 나는 무조건 멈추지 말고 계속해야 된다는 그 사실. 그 사실이 더 잔인하게 다가오는 이유는, 그게 '산다는 것'과 너무도 똑같아서다. 인생이라는 무대에 던져진 인간은 누구나 혼자다. 그러니 어쩔 수 없겠지. 예전에 내가 좋아하던 한 애니메이션의 극장판 에피소드의 제목이 그랬다. "You are (not) alone."

- 321쪽에서

아이러니하게도 제가 피아니스트 손열음을 만나게 된 것은 음악이 아니라 글이 먼저였습니다. 꽤 오래전 차이콥스키 국제 음악 콩쿠르 수상 소식이 대대적으로 보도된 적이 있기에 그 이름이야 익히 알고 있었지만 당시에는 거기까지였습니다. 그러다가 클래식 음악을 막 찾아 듣기 시작할 무렵 우연히 그가 연재하는 신문 칼럼을 발견했던 것이죠. 사실 그전에도 분명 스쳐 지나갔을 텐데 그제야 비로소 제 눈에 들어왔다고 하는 게 더 정확할 겁니다. 우리의 눈은 우리의 관심을 따라 움직이니까요.

글은 매우 투명하면서도 새로웠습니다. 어릴 적 엄마와 함께 원주에서 서울로 음악 공부를 하러 다니던 시절부터 콩쿠르 일화, 천재적인 동료 음악가들과의 에피소드에 이르기까지 클래식 음악가가 아니고는 경험할 수 없는 무대 뒤편의 이야기들이 진솔하면서도 다채롭게 펼쳐지고 있었습니다. 작가 특유의 활달함도 십분 느껴졌는데, 그중 독서광으로서 모습이 드러나는 에피소드를 가져와 봤습니다.

여섯 살 때부터 나는 한 달에 한두 번, 많게는 일주일에 한 번씩 엄마가 운전하는 차를 타고 원주에서 서울로 레슨을 다녔다. 이 길 위의 삶은 초등학교 2학년 때 절정을 맞았다. 어린 제자가 난생 처음 오케스트라와 협연을 하게 되자 걱정이 태산 같아진 선생님께서 하루가 멀다 하고 레슨을 부르신 거다. (…) 이 반복되는 상경길에 난 뭘 했느냐면, 제일 많이 한 건 책읽기였다. 덕분에 시력은 나이에 맞지 않을 정도로 나빠졌지만 밥상머리에서도 책을 못 놓던 당시의 나에게는 아무에게도 방해받지 않는 최고의 독서시간이었다.

－307~309쪽에서

여섯 살 때부터 맞이한 "길 위의 삶"에서 어린 피아니스트의 벗이 되어준 것은 책이었습니다. 이제야 글 쓰는 피아니스트가 어디서부터 시작되었는지 이해가 가기 시작합니다. 그리고 더 궁금해집니다. 이미 세상에서 가장 매력적인 매체(medium)인 피아노를 연주하는 그에게 글은 왜 필요했던 것일까?

우리는 가끔 글쓰기를 일생의 업으로 삼지 않으면서도 일종의 의무감이라고 할 만큼 글쓰기에 열심인 사람들을 만나게 됩니다. 이유야 다양하겠지만, 저는 그 근저에 '자기에 대한 사랑'이 자리잡고 있다는 생각을 해본 적이 있습니다. 지금 이 순간 자신의 생각, 자신의 모습을 어딘가에 남겨두지 않고서는 견딜 수가 없으니 글을 쓸 수밖에요. 그렇게 그에게도 어느 한 동료 음악가가 선사해 준 강렬한 추억은 글로서 꼭 남겨야 하는 순간이 되었나 봅니다.

그날의 「페트루슈카」는 앞으로도 오래도록 내 인생 최고의 페트루슈카로 남을 것 같다. 하지만 나에게는 그의 연주에 대한 더 강렬한 추억이 있다. 2011년 6월, 차이콥스키 콩쿠르에 출전한 나의 오케스트라 리허설을 다 들어주고 난 그가 나를 데리고 바로 옆 음악원 연습실로 향했다. "여기가 누구 방이었는지 아니? 바로 골덴바이저… 옆은 파인베르크가 가르치던 방…." 그의 눈이 빛났다.

- 210~211쪽에서

이 책의 또 다른 묘미는 우리에게 무대 위 피아니스트의 시각과 관객의 시각을 비교해 볼 수 있는 기회를 제공해 준다는 점입니다. 이를테면 본 연주가 끝나면 으레 기대하게 되는 '앙코르 연주'에 대한 작가의 소회가 가슴에 와닿습니다.

그런데 문제는 이 앙코르 연주가 연주자에게는 생각보다 매우 힘든 일이라는 거다. 물론 자신의 연주에 환호하는 청중들에게 화답하고 싶지 않은 연주자는 없을 것이다. 하지만 본 연주가 막 끝나 긴장은 풀릴 대로 풀리고, 감정은 몹시 격앙되어 있는 동시에 근육은 가장 피곤한 시간. 그야말로 몸, 머리, 마음이 모두 따로 노는 시간이 바로 이 앙코르 타임이다.

-77~78쪽에서

그렇다면 실제 공연에 선 피아니스트 손열음은 어떠했을까요. 코로나가 다소 진정세에 접어들 무렵 저는 운 좋게도 그의 피아노 리사이틀에 갈 기회를 얻었습니다. 퐁당퐁당 건너 앉은 관객들을 곁에 두고 그는 본인이 가장 좋아하는 곡인 슈만의 「크라이슬레리아나」를 시작으로 신작 앨범에 실린 슈만의 곡들을 차례차례 연주해 나갔죠. 몸짓 하나만 보고서도 그가 슈만의 음악을, 그리고 연주를 찾아온 관객들을 얼마나 소중히 여기는지 금세 깨달을 수 있었습니다. 그 자리에 모인 관객 모두가 아마도 같은 마음이었을 겁니다. 피아니스트의 연주는 자기에 대한 사랑을 관객에 대한 사랑으로 바꾸어 내는 구도의 시간이었던 것입니다.

앙코르 타임은 연주회 속 소연주회나 다름 없었습니다. 무려 20여 분이 넘어가는 시간 동안 피아니스트는 앙코르 타임을 이어갔습니다. 그 순간 문득 저를 찾아온 물음이 하나 있습니다.

그는 왜 이토록 우리를 사랑하는가?

우리와 동시대를 살아가는 세계적인 피아니스트의 글을 만날 수 있다는 것은 그 자체만으로도 큰 행운입니다. 더욱이 그 피아니스트가 글쓰기를 좋아하고, '글로써 가슴 떨림을 느낄 단 한 분'을 위해 글을 쓰고 있다면 말이죠. 얼마 전 그가 한 예능 프로그램에 출연해서 모차르트의 피아노 소나타 11번 A장조「터키 행진곡」을 연주하던 모습에 반가워했던 기억이 납니다. 더 많은 관객과 호흡하고자 하는 노력일 겁니다.

그는 이 책에서 "음악에 대해 식지 않는 열정을 간직한, 한결같은 연주자의 길을 걷는 현재진행형의 음악가이길 바란다"고 스스로를 소개합니다. 그렇습니다. 작가도, 여러분도 알고 보면 우리는 모두 여전히 "현재진행형"의 그 무엇입니다. 그러니 우리가 할 일은 단 하나뿐입니다.

그 무엇도 우릴 멈추게 하지 말고, 앞으로 또 앞으로.

# 문학

가장 진실된 허구

Ⅲ

# 인류의 역사와 함께 할 이름, 단테

**단테 알리기에리** | 신곡(지옥·연옥·천국 편)

그자는 자신의 잘린 머리를 초롱불처럼

양손으로 받쳐 들고 있었다. 그 머리는

우리를 쳐다보며 "아이고, 내 신세야!" 하고 말했다.


제 몸으로 제 등불이 되었으니,

하나 속에 둘이요 둘 속에 하나였다.

어떻게 그럴 수 있는지는 그를 벌한 분만 아실 테지.

- 지옥편: 28곡 121행~126행에서

'서른 권의 열쇠' 중 이른바 '고전'으로 불리는 책은 세 권 정도인 것 같습니다. 플라톤의 『향연』, 존 스튜어트 밀의 『자유론』, 그리고 바로 이 책 『신곡』입니다. 물론 일부러 '고전'을 빼거나 한 것은 아닙니다. '20대의 나'를 떠올려 보았을 때 처음부터 끝까지 꿋꿋이 읽어 내려갈 수 있는 책들을 고르다 보니 자연스레 동시대에 출간된 책들이 대부분을 차지하게 된 것이죠.

그럼에도 저는 이 책을 빼놓을 생각은 단 한 번도 하지 않았습니다. 오히려 잘 읽히지 않더라도 끝까지 읽어보라고 여러분에게 강권하면서까지 소개하기로 마음먹었던 책입니다. 그 이유는 바로 이 책이 담고 있는 광대한 세계와 사유 때문입니다. 『신곡』에는 가히 그 당시 인간이 상상할 수 있는 모든 세계가 들어 있습니다. 단테 자신이 직접 신의 구원을 찾아 떠나는 기나긴 여정 속에서, 과거와 현재, 현세와 내세, 우주와 지상의 세계가 쉴 틈 없이 역할을 바꾸며 빠짐없이 나타났다 사라집니다. 그러니 우리가 익히 알고 있는 서양철학의 선구자들도 어김없이 이 책에 등장할 수밖에요.

눈썹을 더 높이 들어 올리자

철학자 가족 가운데 앉을 만한

사람들의 스승이 보였다.


모두가 그를 우러르고 그에게 영광을 돌리고 있었다.

소크라테스와 플라톤은

그의 가장 가까운 곳에 있었다.


만물이 우연하다고 주장했던 데모크리토스,

디오게네스, 아낙사고라스, 탈레스,

엠페도클레스, 제논, 헤라클리토스가 보였다.

- 지옥편: 4곡 130행~138행에서

『신곡』은 순례자 단테가 부활절 주간 금요일부터 지옥에서 사흘, 연옥에서 사흘, 천국에서 하루 동안을 보내면서 겪는 온갖 경험담이 담겨 있는 대서사시입니다. 어두운 숲에서 길을 잃고 서 있던 단테 앞에 평소 존경하던 로마의 시인 베르길리우스가 나타나 그를 지옥과 연옥으로 차례로 안내합니다. 그리고 세례를 받지 않아 천국에 들어갈 자격이 없었던 베르길리우스 대신 단테의 영원한 사랑 베아트리체가 천국의 여정을 함께 합니다. 긴 여정의 끝에서 순례자는 마침내 하느님의 빛을 보게 되죠.

13세기 이탈리아 피렌체에서 태어난 인물이 쓴 작품이고, 지옥·연옥·천국이라는 종교적 세계의 순례를 주제로 하기에 우리는 언뜻 『신곡』의 서술은 매우 추상적이고 난해할 것이라고 예단하기가 쉽습니다. 하지만 실상은 정반대입니다. 치밀하면서도 사실감 넘치는 묘사가 이 책을 가득 채우고 있죠.

단테와 베르길리우스가 지옥에서 만나는 영혼 중에는 13세기 당시 이탈리아에 실존하였던 인물들이 자주 등장하는데, 그 생생한 대화를 읽다 보면 '과연 지옥이 멀지 않구나'라는 생각이 절로 들게 됩니다. 그러하기에 영국의 시인이자 화가였던 윌리엄 블레이크는 단테의 여정을 소재로 무려 102점에 이르는 삽화를 남길 수가 있었죠. 책 중간중간 만나는 삽화들에서 우리는 섬뜩함과 감탄을 동시에 느끼는 독특한 경험을 하게 됩니다.

단테는 지옥에서 자신의 잘린 머리를 초롱불처럼 양손으로 받쳐 들고 있는 사람을 보고서는 "제 몸으로 제 등불이" 되었다고 묘사합니다. 우리의 눈은 머리에 달려 있으니 그는 분명 머리가 없는 자신의 몸을 보고 있을 것입니다. 한때는 자신의 몸이었던 등불로 이제는 등불이 없는 자신의 몸을 영원히 바라보아야 하는 것입니다. 등불이 없는 몸은, 그렇게 추하게 변해버린 자신의 모습을 영원토록 바라보고자 그 등불을 단단히 받쳐 들고 있습니다. 이보다 더 끔찍한 형벌이 어디 있을까. 그러하기에 신곡의 지옥편을 읽다 보면 어서 다음 편으로 넘어가고 싶다는 생각이 머릿속 한 켠을 계속 맴돕니다. 하지만 연옥도 매한가지이죠.

가톨릭 교리에서 연옥은 천국에 들어가기 전 남은 죄를 씻기 위해 잠벌暫罰을 받는 곳입니다. 지옥으로 간 영혼과 달리 연옥 영혼들은 참회와 기도를 통해, 그리고 현세의 사람들이 그들을 위해 하는 기도를 통해 정죄가 끝나면 비로소 천국으로 가는 자격을 얻을 수 있습니다. 이것이 가톨릭 교회에서 연옥 영혼을 위한 기도를 중시하는 이유이기도 합니다. 거꾸로 우리가 기도하지 않는다면 연옥 영혼들은 자신의 눈을 바닥에 들어붙이고 하염없는 시간을 보낼 수밖에 없죠.

그때까지 난 비참한 영혼이었소.
하느님으로부터 버림받은 탐욕의 노예였소.

보시다시피, 지금 여기서 그 벌을 받고 있소.

탐욕이 무슨 짓을 하는지는 이렇게 바닥에서 회개하는
영혼들의 정죄 속에서 밝혀지는데, 이 산에서
그보다 더 가혹한 죄는 없는 것 같소.

우리의 눈이 세속적인 것에 들어붙어서
위를 바라보지 못한 것처럼 여기서도
정의가 우리의 눈을 바닥에 붙여 놓은 것이요.

– 연옥편: 19곡 112행~120행에서

　지옥과 연옥에서의 기나긴 험로를 거쳐 마침내 단테는 하느님의 빛 앞에 다다릅니다. 고된 여정의 여파가 가시지 않아서일까요. 단테는 상상이 허락하는 모든 수사를 동원해서 지고의 빛을 묘사합니다. 한순간의 불티만으로도 장대한 승리를 가져다줄 수 있는, 인간이 결코 다다르지 못할 신의 영광, 단테는 너무나도 강렬한 소명감으로 지고의 빛을 향해 외칩니다.

아, 인간의 지성이 다다르지 못할
지고의 빛이시여! 당신의 조그만 부분이라도
내 마음에 다시 더하셔서

미래의 사람들에게 남길 수 있도록
당신의 영광의 단 한 순간 불티라도
포착할 정도의 힘을 나의 혀에 주소서.

그렇게 나의 정신에 잠시라도 돌아오고
나의 시에서 비슷하게나마 울리면
당신의 승리는 사람들에게 더 드러나는 까닭입니다.

- 천국편: 33곡 67행~75행에서

    역자의 설명으로 알게 된 사실이지만, 이 책은 형식 면에서도 매우 치밀하게 구성되어 있습니다. 지옥과 연옥, 천국 각 편이 33편의 독립된 곡으로 구성되어 있고(지옥편의 서곡까지 포함하여 총 100곡), 곡 하나하나는 140행 안팎으로 맞추어져 있으며, 모든 행은 11음절로 구성되어 있다고 하니(총 14,233행), 저자의 천재성은 가늠하기조차 어려울 정도입니다. 그는 완벽한 형식을 전혀 흐트러뜨리지 않으면서도 인류 역사와 함께할 장대한 서사를 성취해 낸 것입니다. 언젠가는 꼭 원어(*La comedía di Dante Alighiari-Paradiso*)로 기록된 14,233행을 찾아 그 완전한 형식미를 느껴 보리라는 다짐도 해보게 됩니다.

저자의 서술이 아무리 생생하다 하더라도 여러분이 막상 이 책을 처음 펴면 문장 하나하나가 쉽게 눈에 들어오지는 않을 것입니다. 글자 그대로를 해석하는 것도 쉽지 않을 뿐 아니라, 한 줄 한 줄마다 철학, 문학, 신학 등 당대 온 분야에 능통하였던 저자의 방대한 지식과 고유한 체험이 살뜰히 녹아 들어 있기 때문이죠. 그럼에도 이 책이 21세기 오늘에 이르기까지 첫 손가락에 꼽히는 고전으로 추앙받는 이유는 시공을 넘어서는 '보편성'을 획득하고 있기 때문일 겁니다.

긴 여정이지만 우리는 매 순간, 매 문장마다 인간 단테에게 한없는 공감을 느낍니다. 그 뿌리는 무엇일까. 만일 지옥이라는 것이, 연옥이라는 것이, 천국이라는 것이 있다면 꼭 천국에 가고 싶다는 우리들 모두의 단순한 소망도 그 구석 어딘가에 자리잡고 있겠지만, 저는 이러한 생각을 슬그머니 해본 적이 있습니다. 13세기 이탈리아의 피렌체에서나, 21세기 대한민국의 서울에서나 그리고 30세기 미국의 뉴욕에서나 지고의 빛에는 결코 다다르지 못할 인간 군상의 모습은 별반 차이가 없을 것이라는 자조 섞인 깨침이 바로 그것입니다.

아마도 단테가 그러했던 것처럼 제게 필요한 것도 단 하나, '한순간의 불티'가 아닐까요. 다시 『신곡』의 첫 장을 넘겨 보아야 할 것만 같은 기분에 휩싸이기 시작합니다.

# 개츠비는 어디에

---
F. 스콧 피츠제럴드 | 위대한 개츠비
---

개츠비는 그 초록색 불빛을, 해마다 우리 눈앞에서 뒤쪽으로 물러가고 있는 극도의 희열을 간직한 미래를 믿었다. 그것은 우리를 피해 갔지만 별로 문제될 것은 없다 - 내일 우리는 좀 더 빨리 달릴 것이고 좀 더 멀리 팔을 뻗을 것이다…….

- 262쪽에서

아주 잘 알려진 책입니다. 여러분 중에는 이미 이 책을 읽어본 경우도 꽤 될 테고, 그중에는 언젠가 다시 이 책을 집어보리라 다짐한 분들도 있을 것입니다. 저도 최근에 이 책을 다시 읽어보았습니다. 우연히 어느 대형서점 벽면에서 『위대한 개츠비』의 마지막 문구를 보고 나서입니다.

"조류를 거스르는 배."

이보다 지금의 제 모습을 더 정확히 묘사하는 문구는 없겠다 싶더군요.

그리하여 우리는 조류를 거스르는 배처럼 끊임없이 과거로 떠밀려 가면서도 앞으로 앞으로 계속 나아가는 것이다.

- 262쪽에서

읽을 때마다 언제나 화두는 하나입니다.

개츠비는 왜 위대한가?

흥미로운 것은 이 책을 처음 손에 들었던 스무 살부터 오늘에 이르기까지 매번 그 이유가 달라지고 있다는 점입니다. 확언할 수는 없지만 굳이 내기를 하라면 다음 번에도 그 이유가 달라진다는 쪽에 패를 던지고 싶습니다.

이 책을 처음 만나게 된 계기는 일본 작가 무라카미 하루키의 『노르웨이의 숲』을 읽고 나서입니다. 그 책의 주인공 와타나베의 선배로 등장하는 나가사와는 와타나베에게 이런 말을 합니다. "위대한 개츠비를 세 번 읽었다면 나와 친구가 될 수 있지." 그러고 보니 늦은 감이 있지만 저도 나가사와와 친구가 될 자격을 얻었네요.

처음에 저는 자신의 꿈이자 환상이었던 데이지 페이를 다시 보기 위해 꼭 필요했던 그것, 즉 '막대한 부'를 짧은 시간 안에 모았기 때문에 개츠비가 위대하다고 생각했습니다. 작가가 이러한 위대함을 의도했다고 생각했던 건 물론 아닙니다. 저 스스로 개츠비가 어느 면에서 가장 위대할까 생각해 보다가 '막대한 부'에 가장 큰 점수를 주었던 것입니다.

이제 막 20대를 시작하던 그때, 어찌 보면 지극히 물질적이기까지 한 그런 생각을 했던 이유는 무엇이었을까. 지금 생각해 보면 그때의 저는 개츠비가 데이지 페이에게 보여준 환상적 사랑은 너무도 당연하다고 여겼던 것 같습니다. 환상적인 사랑을 할 수 있는 마음은 충분히 품고 있었기에 거기에 따로 위대함이 필요하다고 생각지는 않았던 것입니다. 이를테면 개츠비가 데이지와의 입맞춤에서 느꼈던 '화신의 순간'조차 스무 살의 저에게는 그저 평범한 서사로밖에 보이지 않았던 것이죠.

> 데이지의 하얀 얼굴이 자신의 얼굴에 닿는 순간 그의 심장은 점점 더 빨리 뛰었다. 이 아가씨와 입을 맞추고 말로 표현할 수 없는 자신의 꿈을 그녀의 불멸의 숨결과 영원히 하나로 결합시키면, 그의 심장은 하느님의 심장처럼 다시는 뛰지 않으리라는 것을 잘 알았다. 그래서 그는 별에 부딪힌 소리굽쇠가 내는 아름다운 소리에 귀를 귀울이며 잠시 기다렸다. 그러고 나서 그는 그녀에게 키스를 했다. 그의 입술에 닿자 그녀는 그를 위해 한 송이 꽃처럼 활짝 피어났고, 비로소 화신(化身)이 완성되었다.
>
> -167쪽에서

이 책을 다시 만나게 된 것은 그로부터 십여 년의 시간이 흘러 동명의 영화가 개봉했을 때였습니다. 레오나르도 디카프리오가 주인공 제이 개츠비 역으로 나왔고 흥행에도 크게 성공했죠. 원전에 충실하려 노력했다는 평까지 받은 영화였지만, 후회감이 밀려드는 것을 감출 수 없었습니다. 책을 읽으면서 느꼈던 저만의 상상과 감정이 영화 속 이미지로 대체되어 그 안에 갇혀버리는 느낌을 받았기 때문입니다. 그것을 없애 보고자 책장 구석에 오랜 세월 잠자코 있던 이 책을 다시 집어 들었습니다.

그때의 저는 개츠비가 위대한 이유를 묻기보다 '개츠비는 위대한가'라는 물음을 던져보았습니다. 오로지 데이지 페이에 대한 사랑에만 함몰되어 그 외의 모든 삶의 가치를 포기해 버린 것 아닌가? 이것이 왜 위대하다는 것인가? 삶이 그렇게 하나의 가치로만 치환될 수 있는가? 그래도 분명한 점은 그때의 제가 환상적 사랑 자체를 포기하지는 않았다는 사실입니다. 환상적 사랑도 중요하지만 인생에는 그에 못지않게 중요한 다른 가치도 많이 있지 않은가 하는 고민을 했던 것이죠.

최근에 "조류를 거스르는 배"가 되어 다시 『위대한 개츠비』를 손에 들었을 때, 저는 개츠비가 위대한지, 왜 위대한지에 대해서는 더 이상 묻지 않았습니다. 대전제가 바뀌었기 때문입니다.

개츠비는 어디에도 존재하지 않는다.

개츠비가 사랑했던 데이지 페이, 그녀의 남편 톰 뷰캐넌, 그리고 개츠비 서사의 서술을 담당하는 닉 캐러웨이와 그를 좋아했던 조던 베이커까지 이들 모두는 개츠비가 살았던 1920년대의 미국에서 그러했듯이 여전히 우리 주변에서도 쉬이 찾아볼 수 있는 보통의 사람들입니다. 하지만 개츠비는 아무리 둘러봐도 눈에 띄지 않았습니다. 그토록 일관적이면서도 스스로에게 무모하리만치 정직한 사람은 우리가 사는 세상과 어울릴 수 없는 것일까요.

이제 저는 언젠가 이 책을 다시 집어 들 때까지 '사라진 개츠비'를 찾아 이리저리 헤매게 되지 않을까 예감해 봅니다. 다만 한 가지 믿는 구석은 있습니다.

굳이 개츠비를 밖에서 찾아내야 할까.

개츠비는 저 멀리에 있지 않을 수도 있다는 제 마음속 울림, 이제 그 울림을 믿어보려 합니다.

# 목숨을 내어놓고 전하는 인간의 마음

## 나쓰메 소세키 | 마음

그때 나는 속으로 선생님을 원망하고 있었다. 어깨를 나란히 하고 걷기 시작한 다음에도 앞만 보고 걷기만 했다. 궁금해 이야기를 더 듣고 싶은 것이 있어도 일부러 여쭤보지 않았다. 하지만 선생님은 그걸 눈치채셨는지, 못 채셨는지 내 태도 따위는 전혀 신경 쓰지 않는 눈치였다. 평소와 마찬가지로 담담하게 한 걸음, 한 걸음 앞으로 걸어가셨기 때문에 나는 혼자 속이 부글부글 끓었다. 뭔가 말을 붙여서 선생님의 감정을 한 번 흔들어보고 싶어졌다.

- 95쪽에서

지금도 따스한 봄이 되면, 20여 년 전 어느 봄날 인문대 강의실 구석에 앉아 창밖으로 바라보던 벚나무들이 떠오릅니다. 순간의 기억이지만 참으로 생생한 그날, 그때 제 손에 들려 있던 것은 나쓰메 소세키의 『산시로』였습니다.

저는 당시 '현대문학의 이해'라는 수업을 듣고 있었습니다. 이제 그 이름은 까맣게 지워졌지만 인상만큼은 여전히 뚜렷한, 지금 제 나이 또래의 선생님이 개설한 강의였죠. 강의명은 '현대문학의 이해'였지만 한 학기 내내 나쓰메 소세키만을 다루었던 것으로 기억합니다. 그렇게 해서 어찌 보면 반강제적으로, 작가를 만나게 되었습니다.

하지만 저는 아직도 그 선생님께 고마운 마음을 품고 있습니다. 덕분에 소세키를 만나야만 하는 시기에 소세키를 만날 수 있었기 때문입니다. 타인이 정해놓은 12년 간의 교육과정을 마치고 '선택지'라는 인생의 운전대를 처음 잡아본 그때, 무엇 하나 쉽사리 정하지 못하고 제자리를 맴돌기만 하던 스무 살의 제가 소세키 작품 속 주인공들을 만나 비로소 '나만 그런 것이 아니'라는 위안을 얻고, 그 친구들처럼 한 걸음 내디뎌 볼 용기를 갖게 되었던 것이죠.

작가가 포착해 낸 산시로의 생각과 말에는 고민하고 방황하는 청년의 본체가 고스란히 담겨 있습니다. 그리고 이는 『마음』의 주인공인 또 다른 청년 '나'를 통해서 더 깊고 세밀하게 변주됩니다. 청년은 원망의 마음을 한가득 안은 채 선생님과 어깨를 나란히 하고 걷습니다. 선생님에게 꼭 듣고 싶은 답이 있지만, 그래도 섣불리 여쭤보지는 못합니다. 청년이 보기에 선생님은 도저히 감당할 수 없는 요동치는 마음 상태여야 하는데, 오히려 담담하기 이를 데가 없지요. 청년에게 이런 상황은 도저히 이해가 가질 않습니다.

우리의 마음은 한시도 쉴 틈 없이 번잡하게 움직입니다. 지극히 이기적이기로 작정을 하다가도 정작 어떻게 해야 이기적인 것인지조차 몰라 헤매는 경우가 허다합니다. 이럴 때 우리는 의지할 만한 누군가를 간절히 찾습니다. 인생의 선택지를 처음 받아 든 스무 살의 청년에게 그 간절함은 더욱 배가될 수밖에 없지요. 인생의 스승으로부터 마음에서 우러나오는 진지한 답을 꼭 듣고야 말겠다는 결기까지 느껴지기도 합니다. 하지만 스승의 입장에서 보면, 인생 깊숙한 곳에 숨겨진 가르침을 내어놓는 것은 매우 고되면서도 스스로의 치부만 드러내는, 손해만 잔뜩 보는 일에 불과할 뿐입니다. 그러하기에 '선생님'은 '나'의 질문에 '자신의 목숨을 내어놓을 결단'을 하고서야 비로소 진지한 답을 꺼내놓을 수 있었습니다. 그 진지함의 깊이는 상상 이상의 것이었습니다. "모든 걸 숨김없이 토해내기 위해 들인" 선생님의 노력은 "한 인간을 조망"하는 경지에까지 이르게 되니 말입니다.

> 내가 죽으려고 마음먹은 지 오늘로 열흘 이상이 지났네. 그 대부분은 자네에게 이 긴 글을 남기기 위해 흘려버린 날들이라는 것을 알아주게. 처음엔 자넬 만나 이야기할 생각이었는데 쓰고 보니 오히려 이렇게 함으로써 날 솔직히 드러낼 수 있었다는 기분이 들어 한편 기쁘네. 이건 절대 술기운에 쓰는 글은 아니네. 나를 만든 나의 과거는 극히 개인적인 경험으로 나 이외의 다른 사람은 어느 누구도 말할 수 없는 것이었으니, 모든 걸 숨김없이 토해내기 위해 들인 나의 노력은 한 인간을 조망할 수 있다는 점에서 자네에게나 다른 사람에게나 헛수고가 아니라고 생각하네.
>
> -340~341쪽에서

이 책은 주인공 '나'가 존경하는 선생님을 만나 그를 알아가기 위해 애를 쓰는 과정을 담은 1부 「선생님과 나」,

병세가 악화된 아버지를 방문하였다가 다시 도쿄로 돌아오는 과정을 그린 2부 「부모님과 나」, 그리고 선생님이 주인공 '나'에게 보내는 편지인 3부 「선생님과 유서」로 구성되어 있습니다. 1부와 2부에서는 주인공 '나'의 시선으로, 3부에서는 선생님의 독백을 빌려, 작가는 인간의 '마음'을 단 하나의 단상도 놓치지 않겠다는 일념 하에 주도면밀하게 서술해 갑니다. 그의 관찰과 통찰은 그저 놀랍기만 한데 이렇게까지 치밀할 필요가 있을까 싶다가도 그 단상 하나하나에 이입하는 저 자신을 발견하면서 종국에는 그의 서술에 버릴 부분은 없다는 점을 깨닫게 되지요.

시간이 꽤 흘러 제가 이 책을 다시 만나게 된 것은 강상중 선생님이 쓴 『마음의 힘』이라는 책을 통해서였습니다. 재일교포 1세로는 최초로 일본 도쿄대학의 교수를 지낸 선생님은 특히 나쓰메 소세키의 열렬한 팬이기도 합니다. 그는 나쓰메 소세키의 『마음』과 독일의 대문호 토마스 만의 『마의 산』에 등장하는 주인공들이 겪는 이야기를 번갈아 엮어내면서 인생론을 펼쳐 보입니다. 『마의 산』의 주인공 한스 카스토르프는 스물셋의 나이에 우연히 방문하게 된 요양원에서 무려 7년이라는 긴 시간을 보냅니다. 이제 여러분은 왜 이 두 책이 함께 엮일 수 있는지 짐작이 가기 시작할 것입니다. 우리는 『마음의 힘』을 통해 주인공 '나'의 시선도 '선생님'의 독백도 아닌 '인간 강상중'의 고민과 지혜에 기대어 다시 한 번 한 인간의 '마음'을 들여다보는 기회를 얻을 수 있습니다.

나쓰메 소세키는 일본 근대문학의 선구자이자 국민작가의 반열에 올라 있는 작가입니다. 이 말은 일본의 작가라면 누구나 그의 영향 아래 있다는 말로 바꿀 수 있다는 의미기도 합니다. 누군가 '일본은 가깝고도 먼 나라'라고도 했지만, 분명 일본의 문학은 우리 가까이에 자리 잡고 있습니다. 대형서점 한 켠을 가득 메우고 있는 일본 작가의 책들을 일일이 열거하지 않더라도 말입니다. 그 맨 앞자리에 나쓰메 소세키가 있다는 것이니 그는 우리에게 '일본의 마음'을 들여다보는 열쇠까지도 동시에 선사해 주는 셈입니다.

## 우리 곁의 작가

**김영하 | 옥수수와 나** (제36회 이상문학상 작품집에서)

"음…… 당신의 문제가 뭔지 알아? 인생에 대한 진지함이 부족하다는 거야. 이게 지금 당신이 쓰고 있는 소설 속인 줄 알아? 여기서 당신은 작가가 아니라 등장인물이야! 종속변수라고. 알아?"

- 67쪽에서

제가 소설가 김영하에 관심을 갖게 된 계기는 작가로서는 특이한 이력 때문입니다. 그는 경영학과를 졸업하고 경영학 석사 학위까지 취득한 경영학도였습니다. 같은 길을 걸어보았던 사람으로서 작가에게 나름대로 친근함을 느끼면서도 '어떻게 소설가가 되었을까', '그 소설은 어떠한 내용일까' 하는 궁금증이 강하게 일었죠. 후일담이지만 작가가 운영했던 팟캐스트를 통해 대학원 진학 이후에야 작가가 되기로 결심했다는 사실을 알게 되었습니다.

그래서인지 그의 소설에서는 경영학도로서의 흔적을 종종 찾아볼 수 있습니다. 증권사 애널리스트나 회계사가 주인공이 되는가 하면, 뉴욕 월스트리트나 여의도 증권가에서 꽤나 굴러본 사람이나 알 법한 이야기들도 심심치 않게 등장합니다. 그 주인공들을 접할 때마다 저는 작가가 일부러 자신이 서 있는 곳의 대칭점에 서 있는 사람들을 자신의 작품에 끌어오고 있다는 생각을 자주 했습니다. 인생의 단면을 비교하기에 증권사 애널리스트와 소설가만큼 동떨어져 보이는 직업도 드물 테니 말입니다.

매일매일의 온갖 뉴스에 가장 민감하게 반응하는 애

널리스트와 매일매일의 온갖 뉴스에 가장 초연해야 할 소설가. 하지만 그는 어느 편에도 쉽사리 일방적인 긍정이나 부정은 선사하지 않은 채, 특유의 위트를 잊지 않으면서도 차갑지만 두터운 서술을 전개해 나갑니다. 그에 대하여 "도시적 감수성을 냉정한 시선으로 담아내는 작가"* 라고 평하는 문구를 본 적이 있는데, 저는 그 도시적 감수성이 어느 정도는 경영학도로서의 경험에 터 잡고 있지는 않을까 하는 과한 추측을 해본 적도 있습니다.

그럼에도, 역시 그는 '작가'입니다. 그의 작품에는 작가가 심심치 않게, 아니 자주 등장합니다. 이들은 겉으로는 현실 부적응자이자 개선 가능성 제로의 모습으로 묘사되지만, 그 이면에는 그가 작가라는 직업에 대해 갖는 자부심과 소명 의식이 뚜렷이 각인되어 있습니다.

이 작품의 주인공 '나'도 데뷔작이 크게 성공했지만 이후에는 이렇다 할 성과를 내지 못한 전업 소설가입니다. '나'는 출판사에서 근무하는 전처 수지로부터 원고 독촉을 받게 되는데, 수지의 이러한 행동은 출판사 인수 후 수익성 개선에 골몰하고 있는 월스트리트 출신 신임 사장의 독촉

---

* 《채널 예스》(https://ch.yes24.com/Article/View/28835).

때문입니다.

그녀는 다시 한 번 티슈로 눈가를 훔치더니 나를 정면으로 응시한다.
"사장이 날 잡아먹으려고 그래."
"왜?"
"회사 인수하자마자 편집자들 갖고 있는 계약서 다 제출하라 그러더라. 계약금만 받고 원고 안 넘긴 필자들 명단도."
"내 이름도 있겠군."
"맨 앞에 있을걸?"
"사장이 어디서 굴러먹던 놈이라고 했지?"
"월 스트리트."

-14쪽에서

자존심 세기로는 둘째가라면 서러울 정도지만, 계약금만 받고 원고를 쓰지 못한 것 또한 더없이 명백한 주인공 '나'는 결국 출판사 사장을 만납니다. 급기야는 사장을 보기 좋게 골탕 먹이기 위해 제임스 조이스의 『율리시스』 같은 어지러운 소설을 쓰기로 작정하기에 이르죠. 어지러운 소설을 쓰겠다는 포부가 주는 흥분감 때문이었을까요?

이제 더욱 대범해진 '나'는 창작을 핑계 삼아 뉴욕 차이나 타운에 있는 사장의 아파트를 점령하는 데까지 이르게 됩니다. 적의 소굴이라고도 할 법한 그 아파트에서 마침내 주인공 '나'는 그토록 원하던 광기 어린 창작열에 휩싸이는데 성공합니다. 작가는 자신의 경험담이라도 쓰듯 그 모습을 생생히 포착해 내고 있습니다.

> 단편소설 한 편 분량인 원고지 백 매 정도를 정신없이 써 갈기고 시계를 보니 고작 두 시간이 지나 있었다. 이런 놀라운 생산력은 등단 이후 처음 경험해보는 것이어서 얼떨떨하기까지 했다. 이게 말이 될까, 이런 걸 써도 될까, 같은 자기 검열이 작동하지 않으니 서사는 브레이크가 파열된 자동차처럼 폭주했다. 이 원고를 받아들고 난감해할 사장의 얼굴을 떠올리며, 동시에 침대에 누워 나른하게 잠들어 있는 그의 아내를 곁눈질하며 내 손가락은 자판 위를 신나게 달렸다.
>
> — 47쪽에서

이 대단한 창작열은 과연 합당한 보상을 받게 될까. 글을 읽어가는 내내 궁금증이 꼬리에 꼬리를 물고 이어집니다. 작가는 그러한 독자의 마음을 누구보다 잘 알고 있을 테지만, 그 단초를 쉽사리 던져주지 않습니다. 아니, 작가는 이미 던져주었는데 우리가 까마득히 잊고 있었다는 편이 더 정확할 겁니다. 힘겨운 줄다리기의 끝에서, 이 글의 마지막 장에 이르러서야 우리는 그 보상의 실체를 또렷이 확인하게 됩니다. 외마디 탄성과 함께 말이죠.

아마도 이 외마디 탄성이 제가 이 책을 소개하고 싶은 이유가 되지 않았을까 싶습니다. 이 글은 2012년 제36회 이상문학상에서 대상의 영예를 안은 작품입니다. 이상문학상은 요절한 천재 작가 이상이 남긴 문학적 업적을 기리고자 시작된 문학상입니다. 제가 중고등학교를 다니던 시절만 하더라도 이상문학상 수상작은 세간에 큰 화제가 되어 대형서점에서도 가장 잘 보이는 목에 수십 권씩 쌓여 독자들의 손길을 기다리곤 했습니다.*

제가 여러분께 이 책을 소개하는 또 다른 이유가 바로 여기에 있습니다. 저는 여러분이 꼭 제36회 이상문학상 작

---

\* 그러던 것이 2019년에는 저작권 양도 조항 등을 이유로 일부 수상자들이 수상을 거부하였고 결국에는 주관사에서 시상을 포기하는 사태를 겪기도 했지요. 이후 주관사가 논란이 됐던 저작권과 출판권 관련 조항에 대한 전향적 입장을 표명하고, 좀 더 투명한 심사 제도가 도입되면서 다시 그 역사를 이어가고 있습니다.

품집을 통해 이 글을 만났으면 좋겠습니다. 한국 문단이 오랜 기간 가꾸어 온 순수문학에 대한 헌신과 자기 성찰을 작품집 속에서 고스란히 찾아볼 수 있을 뿐 아니라, 문학상 작품집에 수록된 두툼한 글 모음도 함께 만나볼 수 있기 때문입니다.

이 작품집에는 대상 수상작 이외에도 소설가 김영하의 작가 정신과 위트가 유감 없이 발휘되는 그의 문학적 자서전 「나쁜 버릇」, 작가 김영하를 바라보는 작가 염승숙이 쓴 작가론 「마음을 설명한다는 것」, 그리고 문학평론가 장두영의 대상 수상작에 대한 비평 「그들은 그것을 알지 못한 채 행하고 있다」도 같이 자리하고 있습니다.

수상작들에 대한 심사위원들의 짧지만 본질을 가르는 심사평은 백미 중의 백미입니다. 작품집 속 다양한 목소리는 우리에게 때로는 비껴 서서, 때로는 위에 서서 작가 김영하를 바라볼 수 있는 여러 열쇠를 동시에 던져줍니다. 물론 한국 문단을 냉정히 성찰하는 문인들의 자기 고백도 빼놓을 수 없고요.

바야흐로 작가 전성시대라는 말이 심심치 않게 들려옵니다. 작가라는 직업의 범주가 그만큼 넓어지고 있다는 의미이기도 할 겁니다. 그렇지만 역설적이게도 전통적인 의미에서의 작가들이 설 자리는 점점 좁아지고 있습니다. 읽을 거리가 많아지니 순수문학을 읽는 시간이 줄어드는 것은 당연한 이치라고 해야 할까요. 저는 꼭 그렇지는 않다고 생각합니다. 각각의 문장에는 각각의 의미와 기능이 있고 이는 서로 대체할 수 있는 성질의 것이 아니라는 믿음이 마음 한 켠에 남아 있기 때문입니다.

"도시적 감수성을 냉정한 시선으로 담아내는 작가", 앞서 작가 김영하에 대한 이 한 줄 평을 옮겨놓은바 있습니다. 하지만 그가 써 내려온 만 가지 문장이 이 한 줄 평에 수렴할 리 만무합니다. 당장에 제 책장 끝 모퉁이에 꽂혀 있는 작가의 장편소설 『검은 꽃』만 보더라도, "도시적 감수성"을 뺀 나머지 모든 것이 살뜰히 들어 있다 해도 과언이 아니니 말입니다. 그러니 우리가 한 작가를 맞이하면서 경계 또 경계해야 할 것은 '섣부른 예단'입니다.

# 인간

**친숙하고도 낯선 존재**

IV

# 좋은 것을 영원히 소유한다는 것

### 플라톤 | 향연

"그렇다면 뭉뚱그려 말하면 사랑은 좋은 것이 자신에게 늘 있음에 대한 것이네요."

-132쪽에서

돌이켜보면 제가 스스로에게 '인간이란 무엇인가'라는 질문을 가장 진지하게 던져보던 때는 고등학생 시절이 아니었나 싶습니다. 이 책 속에서 디오티마는 에로스Eros가 신적인 것과 인간적인 것의 중간자적 지위(다이몬daimon)에 있기 때문에 끊임없이 지혜로움을 추구한다고 이야기합니다. 신은 이미 그 자체로 지혜롭기 때문에 지혜를 찾을 이유가 없고, 무지한 인간은 지혜롭지 않으면서도 스스로 만족하고 있기 때문에 역시 지혜를 추구하지 않는다는 것이죠. 디오티마의 설명을 빌려보면, 저는 당시 소년과 어른의 중간자적 지위에 서서 '어른이 된 후의 삶이란 어떠한 것일까'라는 생각을 하다가, '인간이란 무엇인가'라는 질문까지 나아가게 된 게 아닐까 싶습니다.

　제 모교는 산 중턱에 자리하고 있어서 매일 아침 등굣길은 상당히 고되었습니다. 하지만 하나를 잃으면 하나를 얻는다고 했던가요. 그 덕에 저는 창가 옆자리에 앉을 때마다 서울 하늘에 펼쳐지는 장대한 분홍빛 노을을 마주하는 신기한 경험을 할 수 있었습니다. 그 짧은 순간이 지나가면 으레 마음 한 켠이 뭉클해지곤 했는데, 그 정도가 심하다

싶을 때면 이 책을 꺼내 디오티마가 소크라테스에게 전하는 '궁극의 사랑의 비의秘義'를 잠시 읽어보곤 했죠.

> 즉 이 아름다운 것들에서부터 시작하여 저 아름다운 것을 목표로 늘 올라가는 것 말입니다. 마치 사다리를 이용하는 사람처럼 그는 하나에서부터 둘로, 둘에서부터 모든 아름다운 몸들로, 그리고 아름다운 몸들에서부터 아름다운 행실들로, 그리고 행실들에서부터 아름다운 배움들로, 그리고 그 배움들에서부터 마침내 저 배움으로, 즉 다름 아닌 저 아름다운 것 자체에 대한 배움으로 올라가게 됩니다. 그렇게 되면 마침내 그는 아름다운 바로 그것 자체를 알게 되는 거죠. 친애하는 소크라테스, 인간에게 삶이 살 가치가 있는 건 만일 어딘가에서 그렇다고 한다면 바로 이런 삶에서일 겁니다. 아름다운 바로 그것 자체를 바라보면서 살 때 말입니다.
> 
> −145~146쪽에서

이 책의 저자 플라톤은 세상에서 가장 유명한 철학자입니다. 우리는 어떠한 경로를 통해서든지 그의 이름과 작품을 접할 수밖에 없지요. 이러한 유명세에 그가 2,500여 년 전 고대 그리스에서 활동한 사람이라는 사실까지 더해

지면, 마치 단테의 『신곡』이 그러했던 것처럼 그의 책은 매우 난해하거나 지금과는 동떨어진 이야기로 가득하지 않을까 하는 걱정이 들게 마련입니다. 하지만 일단 책을 펴 들면 순식간에 이러한 예상은 완전히 빗나갔음을 알게 됩니다. 등장인물들이 주고받는 대화는 유쾌하면서도 신선합니다. 그러면서도 치밀함과 두터움을 잃지 않습니다. 대철학자는 스승 소크라테스의 입을 빌려 벽돌을 쌓아 올리듯 차근차근, 그러면서도 고대 신화를 전해주듯 흥미진진하게 '애지자愛智者로서의 에로스'에 대한 성찰을 우리에게 전달해 줍니다.

이 책의 제목이 '향연(Symposium)'인 이유는 아테네의 작가 아가톤이 비극 경연대회에서 우승한 것을 축하하는 연회에서 이러한 대담이 벌어졌기 때문입니다. 이 책은 소크라테스를 비롯한 주요 등장인물들이 차례대로 에로스에 대한 찬미 연설을 행하는 방식으로 구성되어 있습니다. 파이드로스, 파우사니아스, 에뤼크시마코스, 아리스토파네스, 아가톤의 순서로 연설이 이어집니다. 연설에 연설이 거듭되면서, 에로스에 대한 논의가 중층적으로 쌓여가면서, 독자들의 궁금증도 덩달아 깊어만 갑니다. 그 궁금증의 본체는 바로 이것입니다.

소크라테스는 과연 어떠한 이야기를 할 것인가?

줄다리기에 지쳐갈 때쯤 마침내 우리 모두가 기다리던 소크라테스가 연설을 시작합니다. 그는 디오티마와 대화하는 형식을 빌려, 자신이 아름다움을 사랑하는 자, 에로스를 찬미하는 이유를 특유의 겸손하면서도 확신에 가득 찬 어조로 설명하고 있습니다.

> 파이드로스, 그리고 나머지 여러분, 바로 이것들이 디오티마가 말한 것들인데 나는 그것들에 설득되었다네. 내가 설득되었기에 다른 사람들도 설득하려 시도한다네. 이 소유물을 얻는 데 있어서 인간 본성에 협력할 자로서 에로스보다 더 나은 자를 찾기란 쉽지 않으리라고 말일세. 그렇기 때문에 나는 모든 사람이 에로스를 존경해야 한다고 주장하며, 나 자신도 에로스의 일들을 높이 평가하고 남다르게 연습하며 남들에게도 그러라고 권유한다네. 그래서 지금도 그렇고 앞으로도 내내 내 힘이 닿는 한 에로스의 능력과 용기를 찬미하려네.
>
> -148쪽에서

디오티마는 소크라테스에게 "아름다움 자체를 보게

되었을 때 비로소 살 가치가 있는 것"이라고 단언했습니다. 소크라테스는 디오티마의 그 말이 아주 옳다고 믿습니다. 우리 인간은 지혜를 사랑하는 자, 에로스를 귀하게 여기고 그 방면에 힘쓸 때 비로소 인간의 본성을 획득할 수 있다는 것입니다. 지혜에 대한 사랑은 곧 아름다움에 대한 사랑입니다. 소크라테스는 아름다움은 세상 만물에 깃들어 있다고 이야기합니다. 인간의 육체, 일과 활동, 학문 이 모두에서 아름다움을 찾을 수 있고, 그리하여 마침내 우리는 아름다움 그 자체를 사랑하는 경지에 이르러야 한다고 강조하죠. 여기에서 이런 근본적인 의문이 생겨납니다.

왜 인간은 아름다움을 사랑해야만 인간의 본성을 획득할 수 있는가?

애석하지만, 어찌 보면 당연하게도 그 답을 찾는 것은 우리 각자의 몫입니다. 아름다움을 사랑하는 순간은 그 누가 대신 만들어주거나 경험해 줄 수 없기 때문입니다. 이 간명한 사실을 깨닫는 데에도 저는 꽤 긴 시간을 보내야 했습니다.

살다 보면 '인간이란 무엇인가', '인간은 무엇을 위해 사는가'라는 질문을 맞닥뜨릴 때가 있습니다. 그런데 인생을 살다 보면 이러한 질문은 현실적인 형태로 각색되어 나타나는 경우가 훨씬 많은 듯합니다. 자신의 예상과는 전혀 동떨어진 인생의 경로에서 허우적댈 때 우리 머릿속에는 가장 먼저 이러한 물음이 자리 잡으니 말입니다.

도대체 왜 나에게 이러한 일이 생기는 것일까?

그럴 때 우리가 취할 수 있는 대답은 말 그대로 무한대에 가깝습니다. '그냥 사는 게 인생이지' 하는 담담한 독백에서부터 '전생에 무슨 업이 있었을까' 하는 윤회론도 있고 '그분의 뜻은 무엇일까' 하는 종교론도 있으며 '인간이란 무엇이다'라고 자기 나름의 체계를 정리한 철학자들의 말도 찾아볼 수 있지요. '생명으로서의 인간'에 주목하는 과학자들도 빼놓을 수 없습니다.

제가 이 오래된 질문에 대한 대답 중 하나로 여러분에게 가장 먼저 이 책을 소개해 드리는 이유는, 아마도 제가 '인간이란 무엇인가'라는 질문을 가장 진지하게 던져보던 시절에 이 책을 만났기 때문이 아닐까 싶습니다.

그리고 다소 역설적일 수 있지만 지금의 제가 고등학생인 저에게 보내고 싶은 짧지만 무거운 답은 이러합니다.

좋은 것을 영원히 소유하고 싶지만 그럴수록 스스로의 무지함만을 되새기는 자신을 발견할 때, 어쩌면 그 순간이 우리가 가장 인간다워지는 때가 아닐까? 그러니 우리

차라리 용기 내어 무지함을 영원히 소유해 버리는 것으로!

『향연』은 플라톤의 '대화록' 중에서도 가장 유명한 '플라톤의 4대 복음서(소크라테스의 변명, 크리톤, 향연, 파이돈)' 중 하나입니다. 제가 예언 아닌 예언을 하나 해볼까요. 제가 굳이 따로 이야기하지 않아도, 『향연』 뒤에는 플라톤의 나머지 복음서들이 차례대로 여러분의 손에 들려 있게 될 것입니다.*

---

* 플라톤의 정의론에 대해서는 그의 저서 『국가』를 참조할 수 있으며, 플라톤 철학에 대한 냉철한 비판서로는 칼 포퍼의 『열린 사회와 그 적들』을 참조할 수 있습니다.

# 존재하고 싶지만 사실 소유하고도 싶다

에리히 프롬 | 소유냐 존재냐

소유적 존재양식의 인간은 남들과 비교하여 자신이 우월하다는 데에서, 힘을 지니고 있다는 의식에서, 그리고 결국 정복하고 약탈하고 죽일 수 있는 자신의 능력에서 행복을 발견한다. 그러나 존재적 실존양식에서의 행복은 사랑하고 나누며 베푸는 것에 놓여 있다.

-120쪽에서

현대사회를 살아가는 우리에게 '소유'와 '존재'의 문제는 너무도 친숙한 생활 밀착형 화두입니다. 당장에 '소유'를 '소비'로 치환해 보면 이는 더욱 분명해지죠. 서점을 가 봐도 한쪽에는 최신 소비 트렌드를 분석한 책부터 집, 자동차, 여가, 여행, 요리 등 온갖 것을 소유·소비하는 것에 대한 책들이 즐비한 반면, 다른 한쪽에는 미니멀리즘을 필두로, '지금, 여기에 몰입하는 것', '돈으로 살 수 없는 것'을 일깨워 주는 인문·철학 서적이 가득합니다. 이러한 대비는 우리가 매일매일 얼마나 치열하게 '소유'와 '존재'의 갈등 속에서 살아가는지를 극적으로 보여주고 있습니다.

일찍이 이러한 현상을 예견했던 것이겠지요. 에리히 프롬은 이 책에서 인간의 두 가지 생존 양식인 '소유의 형태'와 '존재의 형태'를 비교 분석합니다. 가능한 한 모든 방법론을 총동원해서 말입니다. 정신분석학자이자 사회철학자인 저자의 능수능란한 지휘 아래 언어학적, 역사학적, 심리학적, 철학적 방법론을 통한 다채로운 탐색들이 마치 오케스트라의 악기들처럼 자신의 색깔을 간직한 채 하나의 주제로 수렴해 들어옵니다. 더 놀라운 점은 이렇게 복잡다

단한 분석을 전개하면서도, 책 어디에서도 우리의 이해를 넘어서는 현학적인 설명이나 논증은 찾아보기 어렵다는 것입니다. 평이한 언어와 서술로 책 전체를 살뜰히 꾸려나가고 있는 것이죠. 그리고 이것이 제가 이 책을 여러분께 소개해 드리는 이유입니다.

소유 양식의 삶을 살아가는 이에게 과거와 현재, 미래가 어떠한 의미인지 설명하는 저자의 분석은 감탄을 자아냅니다. 소유 양식에서 우리는 과거에 우리가 축적한 것을 끊임없이 상기합니다. 미래라고 크게 다르지 않습니다. 소유 양식의 삶에서 미래가 밝다는 것은 미래에 많이 갖게 된다는 것을 의미할 뿐이기 때문입니다.

현재는 미래였다가 곧 과거가 되는 한 점에 불과합니다. 과거와 현재, 미래가 축적과 감정의 상기, 그리고 소유의 기대로 치환되어 하나의 연결 고리에 묶이는 삶, 그것이 소유 양식의 삶이라고 저자는 말합니다. 자연스레 존재 양식의 삶에서 과거와 현재, 미래는 어떻게 구성되는 것인지 궁금하지 않을 수 없습니다. 예상하셨겠지만 이 부분은 여러분의 몫입니다. 저의 목적은 오직 하나, 여러분이 이 책을 집어 들게 하는 것이니까요.

『소유냐 존재냐』에서 특히 '서른 권의 열쇠'와 맞물려 관심이 가는 대목은 '독서의 소유와 존재'에 관해 설명하는 부분입니다. 소유 양식과 존재 양식은 독서 양식에서도 뚜렷이 대비된다는 저자의 분석이 이채롭게 다가옵니다. 소설의 줄거리와 그 결론에 집중하는 독자는 그 이야기를 소유하려고 하는 것이지만, 존재 양식으로 책을 읽는 독자는 소설 속 인물을 이해하고 인간의 본성을 꿰뚫어 보는 통찰을 추구합니다. 그리고 "독서는 작가와 독자 사이의 대화"이기 때문에 "무엇을 읽는가(또는 누구와 이야기를 나누는가)"는 매우 중요하고, "예술성 없이 싸구려로 만들어진 소설을 읽는 과정은 백일몽과 같은 형태"라서 그때의 텍스트는 "시시한 텔레비전 프로그램을 보듯, 또는 화면을 보면서 씹어 먹는 감자 칩처럼 무심코 삼켜질 뿐"이라고 과감히 일갈하기도 합니다(60쪽). 이러한 저자의 생각에 일견 수긍이 가지만, 과연 우리가 존재 양식만의 독서를 해야 하는 것인지, 존재 양식만의 독서를 지속하는 것이 가능하기나 한 건지 의구심이 드는 것도 솔직한 마음입니다. 그러고 보니 이 책을 읽어 내려가는 이 순간에도 우리는 소유와 존재 사이에서 쉼 없이 고민하고 갈등하게 되네요.

한 가지 짚고 넘어갈 점은 저자가 모든 형태의 소유가 존재와 충돌한다고 본 것은 아니라는 것입니다. 그의 표현을 빌리면 '성격으로 규정된 소유(characterological having)'는 존재와 충돌하지만, 생물학적 종인 인간에게 '기능적 소유(existential having)'는 필수 불가결한 것이기에, 의인이나 성자들조차도 기능적 의미에 있어서 소유를 마다할 수는 없습니다. 인간이라면 누구나 살아남기 위해 육체, 음식물, 주거, 의복 등의 필수품을 소유하고 지키며 돌볼 수밖에 없으니까요.

    우리가 소유 양식과 존재 양식 중 어느 하나만을 택하여 살아가는 경우는 매우 드물 것입니다. 이른바 '속세'를 살아내야 하는 우리가 성직자나 승려의 삶을 마냥 좇을 수도 없는 노릇이지요. 하지만 적어도 우리 각자에게 삶의 순간순간마다 두 가지 양식 중 어느 하나를 택하는 기준은 분명히 있을 겁니다. 이 책을 만난 후 저는 스스로가 언제 소유 양식을 따르고 언제 존재 양식을 따르는지 곰곰이 생각해 본 적이 있습니다. 그 기준은 재밌으리만치 이중적이었는데, 제가 가질 수 있거나 가지고 있다고 생각하는 것에 대해서는 소유 양식을 내세우는 반면, 제가 가질 가능성이 거의 없거나 가지고 있지 못하다고 여기는 것에 대해서는 존재 양식을 내세우고 있는 모습을 발견하게 된 것입니다. 다소 이기적이라고까지 할 만한 저의 판단 기준을 깨치고 나서, 이 책을 읽은 김에 저는 스스로에게 새로운 제안을 하나 던져 보았습니다.

이제부터는 내가 가질 수 있거나 가지고 있다고 생각하는 것을 향해 존재 양식을 내세워 보자.

지금 생각해도 저는 이 기준에 참 마음에 듭니다. 가지고 있는 것에 속박당하지 않으면서도 가질 수 있게 된 그 과정을 기억하고 감사하는 마음, 매일 아침 되새기고 되새겨도 지나침이 없는 이 책이 제게 준 인생의 경구입니다.

## 오직 모를 뿐

**숭산 스님 | 선의 나침반**

그것은 책을 통한 배움이 아니며, 어떤 절대자 혹은 외부적인 힘에 의존하지도 않는다. 불교 가르침의 진수는 바로 이 '나는 누구인가?' 하는 질문을 깊이 함으로써 '오직 모를 뿐······' 이라는 깨달음을 얻는 순간이 우리의 본성, 참 나[眞我]를 얻는 길이라는 점이다. 진정한 불교는 단지 종교가 아니다. 불교는 길[道]이다. 그 길의 이름이 '오직 모를 뿐'이다.

-30쪽에서

불교 문화의 전통이 면면히 이어져 오는 우리나라에서는 불교 신자가 아니더라도 어느 정도 부처의 가르침에 익숙해지게 마련입니다. 생로병사의 고통, 전생과 현생을 잇는 업과 윤회, 그리고 좌선에 이르기까지, 소승불교와 대승불교, 선불교의 영역을 넘나들며 우리 삶 곳곳에 부처의 자비가 스며들어 있습니다. 하지만 정통 불교 신자가 아니고서야 그 너머의 세계를 접할 기회가 흔치 않은 것 또한 현실입니다. 불교의 가르침은 가까이 있는 듯하지만 실상 그 진수는 꽤 멀리 떨어져 있다는 의미이기도 하지요.

그나마 불교 문화에 익숙한 우리도 이러한데 서양인들이 불교를 접할 기회는 매우 드물었을 것입니다. 그 내용이 낯선 것은 두말할 나위도 없겠죠. 그 시기에 숭산 큰스님은 1966년부터 30여 년 동안 미국을 비롯한 세계 각지에서 한국 불교의 선禪을 전파하였습니다. 그리고 그 여정에서 만난 제자가 이 책의 엮은이 현각 스님입니다.

제가 현각 스님을 처음 알게 된 것은 스무 살 초엽이었습니다. 동네 책방에 갔다가 우연히 『만행: 하버드에서 화계사까지』를 발견하였습니다. 미국의 가톨릭 집안에서 태어나 신부가 될 결심까지 했던 하버드 대학원생이 어떠한 경로로 수유동 화계사까지 오게 되었을까. 깨달음을 향한 그의 여정 자체도 대단했지만, 그를 화계사로 이끈 건 숭산 큰스님이었습니다. 그리고 예사롭지 않은 그들의 인연 덕택에 이 책이 세상에 나오게 된 것입니다.

애초에 이 책은 불교를 모르는 외국인들을 위해 쓰여졌습니다. 숭산 큰스님이 외국인 제자들에게 설법한 영어 법문을 현각 스님이 정리하여 1997년에 미국에서 먼저 출판되었죠. 그러다 불교에 문외한이었던 이 책의 옮긴이가 우연히 홍콩 공항 면세점에서 책을 발견했고, 그것을 다시 한국어로 번역하여 여기까지 오게 된 것입니다. 그러고 보니 이 책의 업도 그리 간단치만은 않은 게 분명합니다.

그러다가 숭산 대선사께서 이 나침반을 고안해 낸 것이다. 이것은 원래 새로 입문한 서양 불제자들을 올바른 가르침으로 인도하기 위한 안내서였다. 서산 대사께서 조선시대에 했던 것처럼 숭산 큰스님께서도 서양인들이 불경을 이해하는 데 도움을 주고자 했던 것이다. 물론 큰스님께서는 참선을 매우 중시하며, 오늘날에도 가장 강조하는 수행방법 중 하나이다. 그러나 서양 불제자들 역시 불경과 글로 쓰여진 가르침을 알아야 하며, 그래야 그들의 수행에 도움이 되고, 다른 사람들을 고통에서 구해줄 수 있을 것이다.

- 480쪽에서

그렇다면 저는 이 책을 어떻게 만나게 됐을까요? 뜻대로 되지 않는 삶에 대한 한탄이 물밀듯이 밀려오던 어느 겨울밤, 불현듯 현각 스님은 지금 어디서 무엇을 하고 있을까 하는 궁금증이 일었습니다. 이윽고 알아낸 그의 행방. 그는 한국을 떠나 독일에서 작은 선원을 운영하며 한국 불교를 전파하고 있었죠. 실로 오랜만에 만난 그의 차랑차랑한 목소리가 참으로 반가웠지만, 더 반가웠던 것은 그가 만면에 미소를 머금으며 소개하던 이 책 『선의 나침반』이었습니다. 뜻대로 되지 않는 삶을 한탄하던 찰나에 뜻하지도 않은 선물 하나를 얻게 되어 그 반가움이 배가 되었는지도 모르겠습니다.

'삶이 뜻대로 되지 않는다'는 말의 의미를 '바깥세상이 내 맘대로 돌아가지 않는다'는 것으로 바꾸어 본다면, 너무나 당연하게도 우리 모두는 삶이 뜻대로 되지 않는 순간을 시시각각 맞이할 수밖에 없습니다. 이것은 사실 매우 간단한 이치이기도 한데, 우리가 바라는 바깥세상은 인간의 숫자만큼 다양하기에 애당초 그 전부를 충족하는 바깥 세상이란 있을 수가 없는 것이죠. 이 간단한 이치를 깨닫는 데 그렇게 오랜 시간이 걸리고, 한참이 지나고 나서야 비로소 바깥이 아닌 안을 들여다볼 요량을 갖게 되나 봅니다. 그 겨울밤, 제가 한탄의 강을 요란하게 건넌 후에야 비로소 제 시선을 바깥이 아닌 안으로 달래어 놓는 데 성공할 수 있었던 것처럼 말이죠.

숭산 큰스님이 도달하신 깨달음의 경지가 심히 장대할 것임은 저 같은 범인이라도 충분히 예상할 수 있었기에, 이 책을 펴 들면서도 저는 그의 가르침을 온전히 이해하리라는 기대는 애당초 하지 않았습니다. 하지만 제가 미처 예상하지 못했던 것이 하나 있었습니다. 대선사의 깨달음은 심히 장대할 텐데, 그의 가르침은 단순하기 그지없다는 점입니다.

오직 모를 뿐…….


내가 하나 묻겠다. (손에 들고 있는 주장자를 가리키며) 이 주장자와 여러분은 같은가, 다른가? 주의해서 대답하라. 같다고 말해도 나는 여러분을 이 주장자로 30방 칠 것이고, 다르다고 해도 30방 칠 것이다. '모르겠다'고 말해도 칠 것이다. 입을 여는 것 자체가 이미 실수이다. 그렇다면 어떻게 하겠는가? (하하하) 조계선은 모든 생각을 끊고 '오직 모를 뿐'으로 돌아가면 이미 본성을 깨닫는 것이다. 고봉 선사는 '오직 모를 뿐이 본래 스승'이라고 하셨다. 이것은 소크라테스의 가르침과도 같다.

— 360쪽에서

"오직 모를 뿐"은 소크라테스에서부터 시작하여 서양의 수많은 철학자들 사이에서도 끊임없이 변주된 마법의 문구입니다. 놀랍게도 우리가 이미 화두로 삼았던 플라톤의 『향연』, 에리히 프롬의 『소유냐 존재냐』에서도 그 결론은 '오직 모를 뿐'이었습니다. 여러분은 『향연』을 읽고 나서 '차라리 용기 내어 무지함을 영원히 소유해 버리기로' 다짐하거나, 『소유냐 존재냐』를 만나고 나서 '가지고 있는 것에 속박당하지 않으면서도, 가질 수 있게 된 그 과정을 기억하고 감사하는 마음'을 상기하던 저의 모습을 기억할 것입니다. 이러한 저의 모습을 다섯 글자로 줄인 것이 '오직 모를 뿐'입니다.

숭산 큰스님께서 이 책을 내신 목적은 서양인들이 불경을 이해하는 데 도움을 주기 위해서입니다. 그 목적을 잠시도 잊지 않을세라, 그는 불교의 목적에서부터 출발하여 소승불교, 대승불교, 선불교 순서로 불교의 핵심 개념에 대한 설명을 차근차근 이어 갑니다. 소승불교의 무상관無常觀, 부정관不淨觀, 무아관無我觀, 대승불교의 금강경金剛經과 반야심경般若心經, 선불교의 즉여여불卽如如佛에 이르기까지, 우리는 이 책을 계기로 큰스님의 설법을 통해 불교 경전의 핵심 사상을 배우는 소중한 기회도 함께 누릴 수 있습니다.

그렇지만 아무리 그러해도 『선의 나침반』 역시 깨달음을 향한 '수단'에 불과할 뿐입니다.

> 그리하여 나는 여러분이 이 책을 읽되 부디 말에 집착하지 말고 '오직 모를 뿐' 하는 마음으로 이생뿐만 아니라 다음 생, 또 다음 생 쉬지 않고 계속 정진, 또 정진, 수행하고 마침내 우주의 대진리를 찾아 고통 속에서 헤매는 많은 중생들을 구해내기를 바란다.
>
> -21쪽에서

그러하기에, 다시 돌고 돌아 우리가 해야 할 일은 결국 '수행 또 수행'입니다.

# 인간이 아니라 유전자?

## 에드워드 윌슨 | 인간 본성에 대하여

이 논증의 핵심은 뇌가 자신의 짜 맞추기를 지시하는 유전자의 생존과 증식을 촉진하기 때문에 존재한다는 것이다. 인간의 정신은 생존과 번식을 위한 장치이며, 이성은 그 장치의 다양한 기능 중 하나일 뿐이다.

-25쪽에서

출간 직후 극찬과 동시에 극심한 논란의 대상이 되었던 『인간 본성에 대하여』는 '인간이란 무엇인가'라는 질문에 대하여 이른바 사회생물학(sociobiology)적 관점에서 그 해답을 제시하고 있습니다. 이 책을 접하지 않았더라도 여러분은 이미 유전자, 자기 복제자, 생존 기계라는 개념을 들어본 적이 있을 것입니다. 그만큼 우리는 '유전자'에 익숙한 시대를 살고 있는 것이죠. 하지만 정작 유전자가 우리의 삶에 어떠한 의미를 갖는지 진지하게 고민해 볼 기회는 많지 않은 듯합니다. 아마도 유전자에 대한 연구는 과학자들의 몫이라는 생각이 저변에 깔려 있기 때문이겠죠. 이 책은 이러한 우리의 통념을 단박에 무너뜨립니다. '유전자 자체에 대한 연구'와 '유전자의 의미에 대한 고찰'은 분명히 구분되어야 하고, '유전자의 의미에 대한 고찰'은 우리 모두의 몫이라는 점을 명확히 일깨우는 것입니다.

다소 도발적이기까지 한 제목에서부터 알 수 있듯이 이 책은 인간 본성의 탐구를 목적으로 합니다. 그러니 이 책의 시작점이자 종착점은 저자가 말하는 인간 본성이 무엇을 뜻하는지 찾아내는 데 있다고 해도 과언이 아닙니다.

그 기나긴 여정의 이정표가 될 수 있는 몇 가지 키워드를 아래 적어보았습니다.

> 1. 인간 본성은 인간의 생물학적 본성이다.
> 2. 인간 본성은 유전적 진화를 거친 일종의 혼합물이다.
> 3. 인간 본성은 인간의 사회적 행동에 영향을 미치는 성향이다.

저자는 인간이라면 누구나 갖는 지성, 충동, 재치, 사랑, 긍지, 분노, 희망, 근심 등의 모든 특징은 결국 인간 유전자의 생존을 강화하기 위해 구성된 것에 불과하다고 설명합니다. 이러한 주장에는 당연히 여러 의문이 뒤따르게 마련인데, 저자는 마치 기다렸다는 듯 그 의문들을 여러 주제로 잘게 쪼갠 후, 주제별로 자신만의 논증을 펼칩니다.

준비된 학습, 문화적 진화, 공격성, 성性, 이타주의, 종교 등 유전자와는 좀처럼 어울려 보이지 않는 주제들이 바로 그것이죠. 이 책이 갖는 독창성이 바로 여기에 있습니다. 저자는 유전자와 좀처럼 어울리지 않는 주제를 유전자와 관련 지어 논증해 가면서, 유전자가 우리의 삶에 어떠한 의미를 갖는지 찬찬히 곱씹을 기회를 선사해 줍니다.

일례를 들어볼까요. 인간만이 가지는 숭고한 도덕적 가치들은 스스로 방향을 설정하고 자체 추진력을 획득하는 문화적 진화를 할 수 있고, 그렇게 되면 유전적 진화를 대체할 수 있는 것 아닌가 하는 의문에 저자는 단호하게 그 가능성을 부인합니다. 그 이유가 아주 인상적인데, 문화라는 것도 결국 유전자의 '가죽끈'에 묶여 있기 때문입니다. 물론 그 끈이 상당히 길 수는 있지만, 그래서 얼핏 보면 유전자의 영향에서 벗어나 있는 것처럼 보일 수 있지만, 종국에는 그것이 인간의 유전자 풀(gene pool)에 미치는 결과에 따라 속박될 수밖에 없다는 것이죠. 이제 여러분은 이 책이 출판 직후 왜 극심한 논란의 대상이 되었는지 조금씩 이해할 것입니다.

이쯤에서 한 가지 짚고 넘어가야 할 점은 우리가 『인간 본성에 대하여』나 전 세계적으로 큰 반향을 일으킨 리처드 도킨스의 『이기적 유전자』와 같은 책들을 접할 때 견지해야 할 자세입니다. '유전자'와 '생명체'는 서로 분리해서 바라보아야 한다는 것입니다. 인간의 역사는 단순히 유전자뿐 아니라 물리적 및 문화적 환경이라는 환경적 요소가 결합되어 만들어지는 것이기에, 어느 한 사람의 유전자를 안다는 것이 곧 그 사람의 구체적인 삶의 궤적까지 꿰뚫어 볼 수 있다는 걸 의미하지는 않습니다.* 우리의 행동이 부분적으로 결정되어 있을 수는 있지만, 유전자가 곧 우리 삶의 전부는 아니라는 평범하면서도 자명한 진리를 잊지 말아야 한다는 것입니다.

『서른 권의 열쇠』 초입에서 여러분께 소개했던 『미술론 강의』의 저자 오병남 선생님은 미학 강의가 끝나던 날, 스무 살의 저를 포함한 20대 초엽의 청춘들을 앞에 두고 이런 말씀을 하셨습니다.

젊은 날을 산다는 것은 스스로 리트머스 시험지가 되어 자기 자신이 어느 용액에 어떻게 반응하는지 확인해 가는 과정입니다. 스스로를 잘 안다고 생각하는 것만큼 어리석은 일도 없습니다. 그러니 가급적 많은 용액에 빠져들어 보고, 스스로의 반응을 유심히 살펴보아야 합니다.

이 책을 읽고 나서 저는 불현듯 이 리트머스 시험지가 다시 떠올랐습니다. 리트머스 시험지를 한 꺼풀 벗겨보면,

---

\* 인간이 생물적, 심리적, 사회적 조건의 결과물이거나 유전과 환경의 산물에 불과하다는 이론에 대한 통찰력 있는 비판서로는 『빅터 프랭클의 죽음의 수용소에서』를 참조할 수 있습니다. 빅터 프랭클 박사는 나치의 강제수용소를 네 곳이나 전전하다 살아 남은 정신과 의사이자 20세기 대표적 사상가로서 인간은 자신의 존재 형태와 방식에 대해 항상 판단을 내리는 존재이고, 이 같은 맥락에서 언제나 변할 수 있는 자유를 지닌 존재임을 역설합니다.

그 안에는 나의 유전자, 내가 살고 있는 이 시대와 공간의 물리적 환경, 문화적 역사가 어우러져 있을 것입니다. 여러분의 리트머스 시험지, 여러분의 본성은 어떠한 모습일까, 저는 이제 그것이 궁금해집니다.

# 역사

어디에서 와서 어디로 가는가

V

# 단 한 권의 책만 읽을 수 있다면

## 재레드 다이아몬드 | 총 균 쇠

역사가 종족마다 다르게 진행된 이유는 환경의 차이 때문이지, 종족 간 생물학적 차이 때문이 아니다.

-43쪽에서

언젠가 이런 상상을 해본 적이 있습니다. 만일 이 세상에서 단 한 권의 책만 읽을 수 있다면 무엇을 읽을까? 그때 저는 잠시도 망설이지 않고 이 책을 골랐습니다. 이 책을 읽지 않는 것은 너무나 아쉬웠고, 이 책만 읽고 나면 제 인생에서의 나머지 선택은 (설령 다른 책을 읽지 못한다 하더라도) 어떻게든 해볼 수 있지 않을까 싶었던 것이죠. 그러니까 이 책은 이를테면 저의 '인생 책'인 셈입니다. 과연 이 책이 어떠했길래, 제가 주저 없이 제 인생의 책으로 골랐던 걸까요?

저자는 열대의 섬 뉴기니에서 만난 명민한 친구 얄리의 질문에서 『총 균 쇠』의 장대한 서사를 시작합니다.

> 당신네 백인은 그렇게 많은 화물을 개발해서 뉴기니까지 가져왔는데, 우리 흑인에게는 우리만의 화물이 거의 없는 이유가 무엇일까요?
>
> －15쪽에서

이 세상의 모든 이야기들이 누군가가 던진 의문에 대

해 화자가 특유하게 내놓는 답변이라고 한다면, 그 이야기의 위대함은 던져진 의문이 얼마나 화자의 마음을 흔들었는지에서부터 시작될 겁니다. 얄리가 저자에게 던진 의문은 모두가 궁금해하지만 어느 누구도 섣불리 답할 수 없는 궁극의 질문이었습니다. 그런데 하필이면 그 어려운 질문이 저자의 마음을 통째로 흔들어 놓은 것입니다. 얄리가 던진 질문은 얄리의 삶의 근원과 맞닿아 있다는 것을 저자가 누구보다 잘 알고 있었기 때문이죠. 결국에 저자는 뉴기니인 친구를 위해 그 누구도 쉽사리 엄두를 못 내는 과업에 도전하기로 마음먹습니다. 궁극의 질문에 대한 답을 찾아 나서기로 한 것입니다.

그 답을 찾는 여행에서, 결코 에둘러 가기를 원치 않았던 저자는 누구나 한 번쯤은 떠올려 보는 통념, 서구인이 뉴기니인에 비해 유전적으로 지능이 높기 때문이라는 인종주의적 분석을 먼저 화두로 꺼내놓습니다. 그러고서는 그것은 "역겨울 뿐만 아니라 전적으로 잘못"된 대답이라고 단호하게 몰아내죠. 오히려 뉴기니인이 서구인보다 지능이 높다고 볼 만한 여러 정황까지 일일이 나열하면서요.

그렇다면 그가 내놓은 답은 무엇이었을까요. 저자는 순전히 '우연적 요소들'이 오늘날의 거대한 차이를 만들었다는, 한편으로는 통쾌하면서도 어떻게 보면 기상천외한 답변을 우리에게 선사합니다. 그리고 이것이 『총 균 쇠』가 제 인생 책이 된 첫 번째 이유이기도 합니다.

> 백인 인종차별주의자들이 추정하듯 유럽인과 아프리카인 사이에 큰 차이가 있어 유럽이 아프리카를 식민지로 정복할 수 있었던 게 아니다. 지리적 우연과 생물지리학적 우연이 겹친 결과였다. 특히 면적과 중심축 및 일련의 야생 동식물종에서 두 대륙이 확연히 달랐기 때문이다. 달리 말하면, 두 대륙이 밟은 서로 다른 역사적 궤적은 궁극적으로 '부동산(real estate)'의 차이에서 비롯된 결과였다.
>
> —639쪽에서

예상을 완전히 뒤엎어 버린 저자의 답변이 그렇게 제 마음을 울린 이유는 어디에 있었을까요? 그것은 제가 『총 균 쇠』의 기나긴 서사를 읽어 내려가면서, 저자가 얄리의 질문에 대한 답을 찾아가기 위해 기울인 초인적인 노력을 생생히 지켜보았기 때문입니다. 저자는 얄리의 질문에, 가능한 한 최대의 범주를 아우르되 각각의 범주가 하나의 형태로 수렴되는 이론에 터 잡은 믿을 만한 답을 제시할 수 있기를 원했습니다. 이를 위해 그가 취한 방식은 매우 놀라운데, 그는 앨리의 질문에 답하기 위해 필요하다고 생각하는 방대한 범주(생태지리학, 유전학, 분자생물학, 진화생물학, 언어학, 문화인류학, 고고학 등)의 학문적 지식을 저자 스스로 '직접 익히는 방식'을 택해 두 마리 토끼를 동시에 잡아냅니다. 한 인간이 그 모든 학문적 방법론 및 연구 성과를 스스로 익힘으로써 다양한 범주를 하나의 형태로 아우르는 믿기 힘든 과업을 이루어낸 것입니다.

이러한 저자의 초인적인 면모도 그저 놀라울 뿐이지만, 그가 과학자로서 답을 찾아가는 과정에서 시종일관 보여주는 진지한 태도는 저에게 놀라움을 넘어 경외감을 불러일으키기까지 했습니다. 이것이 『총 균 쇠』가 제 인생의 책이 된 두 번째 이유입니다. 저자는 앨리의 거대한 의문에 대하여 조금의 억측이나 논리적 비약도 허용하지 않은 채, 당면하는 소문제들을 하나도 빠뜨리지 않으면서, 가능한 한 최대한의 노력을 쏟아부어 가며 차례차례 파헤쳐 갑니다.

이 책을 읽다 보면 마치 100년이 넘는 기간 동안 축조되고 있는 거대한 성당이 조금씩 그 모습을 드러내는 듯한 인상을 받게 되는데, 광범위한 조사를 통해 발굴된 기존의 연구 성과물이 차츰차츰 저자의 아이디어와 촘촘히 결합되어 하나의 장대한 이야기를 만들어가는 모습은 우리에게 또 다른 차원의 감정적 고양을 선사합니다. 경험적 자료와 논리적 사고가 맞물려 기존에는 존재하지 않던 완전히 새로운 서사가 탄생하는 모습을 보면서, 이토록 빛나는 창발의 순간은 거대한 성당의 축조와 비견하더라도 결코 모자람이 없겠다는 확신이 드는 것이죠.

이 책에 대한 저의 흥분은 이쯤에서 마무리하고, 『총 균 쇠』가 우리에게 더욱 특별하게 다가오는 또 다른 이유를 이야기해 보려 합니다. 이 책에서는 한글 예찬론자로도 잘 알려진 저자가 오랜 세월 키워온 동아시아 역사에 대한 관심을 곳곳에서 엿볼 수 있습니다. 저자는 '일본인은 어디에서 왔는가'라는 주제로 일본인의 기원을 탐색하고 있고, '왜 중국이 세계를 정복하지 못했는가'라는 역시 만만치 않은 질문에 대한 답도 이어가고 있습니다. 동아시아의 정치적 미래에 누구보다 깊이 관여된 우리들이 절대로 놓쳐서는 안 되는 통찰들이지요.

'왜 중국이 세계를 정복하지 못했는가'라는 질문에 대한 대답은 역시 '지리적 우연성'이었습니다. 지리적 요인의 차이가 통일된 중국과 분열된 유럽을 만들었다는 것이죠.

그런데 여기서 통일된 중국과 분열된 유럽이라는 개념이 등장하는 이유는 무얼까요? 그 이유에 대한 탐구는 이제 여러분의 몫으로 넘기고자 합니다.*

얼마 전 어느 포털사이트에서 '누구나 알지만 막상 읽지는 않은 책' 중 첫 번째로 이 책이 꼽히는 것을 본 적이 있습니다. 여러 이유가 있겠지만 제법 두꺼운 분량도 그 이유일 것입니다. 저는 간혹 이러한 고충을 토로하는 친구들에게 저만의 비법 아닌 비법을 알려주곤 하는데, 굳이 이름을 붙이자면 '매일 20쪽' 전략입니다. 원리는 아주 간단합니다. 매일매일 읽되 아무리 더 읽고 싶어도 20쪽에서 멈추고, 아무리 내키지 않더라도 20쪽은 읽는 것입니다. 이렇게 하다 보면 그렇게 두꺼워 보이던 책도 한두 달이면 어느새 그 끝에 이르는 신기한 경험을 할 수가 있습니다.

그런데 '매일 20쪽' 전략이 주는 본질적인 효과는 다른 데 있습니다. 바로 '읽어낸 분량'이 아니라 '읽는 그 순간'에 집중하게 해준다는 점입니다. 읽어낸 쪽수를 수시로 세는 대신 지금 펴 들고 있는 페이지를 찬찬히 들여다볼 여

---

* 『총 균 쇠』에 대한 비판서로는 대런 아세모글루, 제임스 로빈슨의 『국가는 왜 실패하는가』를 참조할 수 있습니다. 아주 흥미롭게도 이 책에서 재레드 다이아몬드의 정성 어린 추천사를 찾아볼 수 있습니다.

유를 우리에게 선사해 주는 것이죠. 소유 양식의 독서가 아닌 존재 양식의 독서가 우리들 앞에 펼쳐지기 시작하는 것입니다.

    손해 볼 건 전혀 없으니 여러분도 당장 시도해 보면 어떨까요. 20쪽이 많다면 열 쪽으로, 그것도 많다면 다섯 쪽도 좋습니다. 한 쪽이라고 해서 안 될 건 없습니다. 세상만사가 다 그렇겠지만, 독서에서도 가장 어려운 일은 일단 책을 집어 들고 첫 줄에 쓰인 문장을 읽어내는 것이니까요.

## 나는 사피엔스다

유발 하라리 | 사피엔스

현대는 역사상 처음으로 모든 인간이 기본적으로 평등하다는 사실을 인정한 시대이며, 사람들은 이 사실을 자랑스러워한다. 하지만 우리는 이제 역사상 유례없는 불평등을 창조할 만반의 태세를 갖추고 있다.

-580쪽에서

『사피엔스』의 저자 유발 하라리는 스스로 『총 균 쇠』로부터 영감을 받아 이 책을 쓰게 되었다고 밝힙니다. 굳이 이러한 인터뷰를 접하지 않더라도 이 책을 읽다 보면 이내 『총 균 쇠』의 잔향이 되살아옴을 물씬 느낄 수 있습니다. 누구나 궁금해하지만 쉽사리 답하기 어려운 질문에서 출발하여 시종일관 거침없는 서사로 그 답을 향해 나아간다는 점에서 두 책은 서로 쏙 빼닮은 쌍둥이라 할 만합니다.

『총 균 쇠』에서도 선사시대에 관한 서술이 잠시 등장하기는 하지만, 『사피엔스』는 그 원제 '사피엔스: 간략한 인류 역사(Sapiens: A Brief History of Humankind)'에 걸맞게 호모 사피엔스의 일대기로까지 서사의 범위를 광대히 확장합니다. 그 광활함에 독자들이 느낄 두려움을 덜어주려 했던 것일까요. 저자는 책의 서두에서 『사피엔스』의 구성 전체를 단 두 쪽으로(14~15쪽 참고) 요약하여 먼저 전해주고 있습니다. 아래는 그 연대표 중 일부를 축약한 것입니다.

| | | |
|---|---|---|
| ① 135억 년 전 | 물리학, 화학의 시작 |
| ② 45억 년 전 | 지구 형성 |
| ③ 38억 년 전 | 생물학 시작 |
| ④ 10만 년 전 | 호모 사피엔스 출현 |
| ⑤ 7만 년 전 | 인지혁명 |
| ⑥ 12,000년 전 | 농업혁명 |
| ⑦ 500년 전 | 과학혁명 |
| ⑧ 현재 | 생명체의 형태가 자연선택보다 지적설계로 결정되는 경향이 커짐 |
| ⑨ 미래 | 지적설계는 생명의 기본 원리가 될 것인가? 호모 사피엔스는 초인에 의해 대체될 것인가? |

 이 간결한 연대표 중 유독 궁금증을 자아내는 문구가 하나 있습니다. 바로 '지적설계(intelligent design)'라는 개념입니다. 사실 이 개념은 여러 맥락에서 복합적으로 사용되기 때문에 한 문장 안에 그 뜻을 온전히 담아내기가 쉽지는 않습니다. 다만, 학교에서 다윈의 진화론을 가르치는 것에 반대하는 '지적설계 운동'의 관점에 입각해서 보면, '생물학적 복잡성은 모든 생물학적 세부사항을 미리 생각해 낸 창조자가 존재한다는 증거'라는 의미 정도로 이해해 볼 수 있습니다.

유념할 점은 이 책의 저자가 말하는 '지적설계'는 위에서 설명한 창조론적 시각의 지적설계 운동에서 일컫는 의미와는 설계의 주체 면에서 완전히 구분되는 개념이라는 것입니다. 창조론적 시각에서의 설계자가 창조자로서 신神을 의미하는 것이라면, 유발 하라리가 말하는 지적설계의 설계자는 다름 아닌 우리 '인간'입니다. 그는 유전자라는 생물학적 본성의 테두리 안에 묶여 있던 인간이 이제 그 유전자 자체를 설계하는 시대가 도래하고 있음을 이 책에서 누차 강조합니다. 사피엔스가 "역사상 유례없는 불평등을 창조할 만반의 태세"를 갖추게 된 지금, 완전히 새로운 특이점에 도달한 사피엔스(저자의 표현대로라면 신이 된 동물)를 바라보는 저자의 두려움이 책 곳곳에 스며들어 있는 것이죠. 그리고 그 두려움은 고스란히 독자들에게 전이될 수밖에 없습니다.

> 아마도 우리와 미래의 주인공들의 차이는 우리와 네안데르탈인의 차이보다 더욱 클 것이다. 적어도 우리와 네안데르탈인은 같은 인간이지만, 우리의 후계자들은 신 비슷한 존재일 것이다. (…) 우리는 새로운 특이점에 빠른 속도로 접근하고 있는지 모른다. 우리 세계에 의미를 부여했던 모

든 개념 – 나, 너, 남자, 여자, 사랑, 미움 – 이 완전히 무관해지는 지점 말이다. 그 지점을 넘어서 벌어지는 일들은 그게 무엇이든 우리에게 아무 의미도 없다.

- 581~582쪽에서

    이 책의 옮긴이도 직접 언급하듯이, 저자의 주장이 흥미진진하고 독특한 만큼이나 이에 대한 반론과 비판도 다양하게 공존하고 있습니다. 그리고 이러한 비판을 찾아보는 것은 오히려 저자의 주장을 더욱 입체적으로 바라볼 수 있는 좋은 기회가 됩니다. 일례로 영국의 철학자이자 문학비평가인 갈렌 스트로슨Galen Strawson은 《가디언》에 실은 기고문에서 "사피엔스의 내용은 대부분 매우 흥미롭고 잘 표현되어 있다. 그러나 이 책을 읽어가다 보면, 이 책의 이러한 매력적인 특징은 부주의, 과장, 그리고 선정주의에 의해 압도되어 버린다"라는 평가를 남기기도 했습니다.\* 저도 이와 비슷한 맥락에서, 『총 균 쇠』가 철저한 과학적 실증에 기초한 가설 검증의 과정이라면, 『사피엔스』는 과학적 실증과 실증되지 않은 저자의 추론이 결합된 또 하나의 가설 제

---

\* "Sapiens: A Brief History of Humankind by Yuval Noah Harari"(*The Guardian*, 2014. 9. 11).

기가 아닌가 하는 의문을 품어본 적이 있고요.

그럼에도 이러한 비판들 역시 역설적으로, 『사피엔스』가 가히 거시적 조망의 최상단에 서서 누구도 답하기 어려운 거대한 물음에 대한 답을 찾고 있음을 보여주는 징표라는 생각이 듭니다. 초거시적인 시간의 흐름을 배경으로 하면서도 사피엔스의 출현과 확장, 불안한 미래에 이르기까지, 서른다섯 나이의 젊은 역사학자가 썼다고는 쉬이 믿기 어려운 방대한 사례와 분석이 책 속 한가득 들어 있으니 말입니다. 이 책을 향한 전 세계적인 관심이 어디서 비롯되었는지 짐작이 가고도 남습니다.

『인간 본성의 이해』와 『총 균 쇠』, 그리고 『사피엔스』에 이르기까지 거대한 주제를 논하는 책들을 보면, 이것이 나의 일상과 무슨 관련이 있을까 하는 다소 실천적인 의문이 들 때가 있습니다. 분업화되고 전문화된 현대사회에서 우리가 요구받는 것은 아주 '미시적인' 숙련된 기술과 노하우인 경우가 대부분이기 때문이죠.

그럼에도 저는 거꾸로 한번 생각해 봅니다.

우리가 미시적인 일상을 살아갈 수밖에 없기에, 이러한 책들이 존재하는 것은 아닐까? 과연 이러한 책들이 통째로 사라져도 나의 일상은 변함이 없을까?

변함이 없으리라 쉽사리 예단하지 못하는 이유, 바로 여기에 호모 사피엔스의 역사를 다른 종들의 역사와는 비교할 수 없을 정도로 다채롭게 만드는 근원적 설계가 들어 있는 건 아닐지, 답 없는 의문을 또 한 번 가져봅니다.

# 동북아, 역동의 무대

한중일3국공동역사편찬위원회

한중일이 함께 쓴 동아시아 근현대사 1

이에 우리는 자국 중심의 역사 교과서를 대신할 수 있는 공동의 역사책을 편집·발행하기로 했다. 과거의 역사에 대한 반성을 토대로 상호 이해를 심화하고 역사 인식을 공유하는 것이야말로 동아시아의 밝은 미래를 여는 길이라고 생각했기 때문이다.

-5쪽에서

로스쿨에서 행정법 강의를 듣던 어느 날 교수님께서 지나가듯 이런 말씀을 하신 적이 있습니다.

"이곳에 앉아 있는 분들 중에 훗날 동북아의 평화에 기여하는 법조인이 나오기를 바라봅니다."

그때 저는 '동북아'라는 표현이 상당히 낯설다는 다소 엉뚱한 생각을 했습니다. 유럽이나 중동, 동남아라는 지역명은 익숙한데 오히려 이곳 동북아는 생소하게 느껴지는 이유는 무얼까. 그 근저에는 치열했던 침략과 전쟁의 역사가 자리 잡고 있다는 생각에 이른 다음에야 비로소 "동북아의 평화"라는 말에 담긴 무거움을 되새길 수 있었죠.

그런데 굳이 동북아의 평화라는 거창한 미래까지 지향하지는 않더라도 우리의 일상은 북한, 중국, 일본과의 관계 속에서 지금 이 순간에도 끊임없이 영향을 받고 있습니다. 일례로 제가 다니는 회사가 위치한 명동만큼 동북아 관계의 현주소가 적나라하게 드러나는 곳도 드물 것입니다. 5, 6년 전만 해도 중국인 여행객으로 발 디딜 틈 없었던 곳이, 사드THAAD 배치로 촉발된 한한령 이후로는 몇 달이 지나도 중국인 관광객을 하나 찾아보기 어려울 정도로 사정이 급변했다가, 팬데믹 시기에는 아예 명동 거리 자체가 사라지다시피 하는 초유의 사태를 겪기까지 했으니까요. 지리적 근접성이 인간 사회에 미치는 영향은 실로 막대하기에 서로 가까이 위치한 동북아의 나라들은 우리가 미처 다 파악할 수도 없는 다양한 경로로 서로의 일상에 크고 작은 영향을 줄 수밖에 없는 것입니다.

그러하기에 너무나 당연하게도, 동북아인으로 살아가는 우리들은 동북아시아의 오늘을 이해하여야 하고 이를 위해서는 필연적으로 동북아시아의 어제를 들여다봐야 합니다. 그리고 이러한 목적을 효과적으로 달성하기 위해서는 무엇보다 그 역사를 바라보는 '균형 잡힌 관점'이 전제되어야 할 테지요.

『한중일이 함께 쓴 동아시아 근현대사 1』은 이러한 문제 인식에서 출발했습니다. 이 책의 저자들은 자국 중심의 역사를 지양하고 균형 잡힌 역사 서술을 구현하고자 공동으로 동아시아의 근현대사를 집필하는 방식을 채택합니다. 나아가 각국의 역사를 해당 나라의 학자가 집필하는 전형적인 방식이 아니라 연대기 순으로 짜인 각 주제별로 집필을 분담하는 대담한 방식을 취하고 있기도 합니다.

그럼에도 이 책이 보여주는 균형감과 입체감의 가장

큰 원동력은 따로 있습니다. 저자들은 '동아시아를 둘러싼 국제 관계'라는 한 차원 높은 시선에서 3국 간 상호 관계의 '구조적 변동'을 조망해 내는 데 가장 큰 노력을 기울였다고 고백하고 있습니다. 그 노력이 적어도 저에게는 크게 성공적이었던 듯합니다. 이 책 덕분에 동북아에 갇히지 않은 채 동북아의 역사를 부감해 보는 흔치 않은 기회를 얻었을 뿐 아니라, 이렇게 글까지 쓰고 있으니 말입니다.

이렇듯 일본은 열강과 권익을 교차인정하는 방법으로 중국에서의 특수권익을 확실히 인정받는 데 성공했다. 그 성공 비결은 간단했다. 일본은 열강에 동아시아 이외의 지역에서 기존의 제국주의 질서를 위협할 의사가 전혀 없음을 분명히 밝혔다. 제1차 세계대전을 거치면서 동아시아에서의 열강의 대립과 갈등은 일본을 주축으로 조정되었고, 모든 협상의 결과는 일본의 입지를 강화하는 방향으로 흘러갔다. 유럽에서의 제1차 세계대전이 침략자를 상대로 한 무력전이었다면, 동아시아에서의 제1차 세계대전은 미국·중국·일본·영국·러시아 사이의 치열한 외교전이었다고 압축할 수 있다.

-148쪽에서

치열한 외교전으로 특징지어진 동아시아의 1차 세계대전 시기 일본은 자국의 목표를 상당 부분 이루어냅니다. 한반도는 물론이고 중국, 대만, 동남아에 이르기까지 광범한 영토가 동아시아 유일의 패권 국가로 공인된 일본 제국의 통치 하에 들어가게 된 것이죠. 그러나 이렇게 구축된 일본의 동아시아 패권이 오래 지속되지는 못합니다. 그 이유는 무엇인지, 이에 대한 저자들의 서술을 곱씹어 보는 것은 오늘의 일본을 이해하는 데 매우 의미 있는 단초가 될 것입니다.

내친 김에 이 책의 매력을 몇 가지 더 늘어보면, 이 책 곳곳에서는 독자를 위한 저자들의 특별한 배려를 찾아볼 수 있습니다. 각 장의 맨 앞에는 해당 시기의 한·중·일 연표가 정리되어 있어 각 나라에서 일어난 주요 사건을 한눈에 일별할 수 있습니다. 또한 중간중간 들어간 칼럼에는 독자들이 동아시아 역사를 이해하는 데 도움이 될 만한 주요 이슈들이 선별되어 있기도 합니다. 급기야는 이 책을 가만히 읽다 보면 마치 교과서를 읽는 듯한 기분까지 들게 되는데, 실제로 이 책 서문에서는 비슷한 취지로 먼저 간행되었던 『미래를 여는 역사』라는 책이 대학에서 교재로 활용되고 있다는 설명도 찾아볼 수 있습니다. 그러니 여러분도

한 번에 이 책을 죽 읽어내는 것보다는 (교과서를 죽 읽어내는 것은 여간 힘든 일이 아니니까요.) 앞서 이야기했던 '매일 20쪽' 전략을 적용해 보면 어떨까 싶기도 합니다.

앞서 『이 한 장의 명반 클래식』을 소개하면서 그 책에는 짝이 되는 책, 『이 한 장의 명반 오페라』가 있다고 첨언한 적이 있습니다. 이 책에도 그러한 의미의 짝이 있습니다. 바로 『한중일이 함께 쓴 동아시아 근현대사 2』입니다.

저자들은 동아시아 근현대사를 두 권으로 구분하여 다룬 이유를 다음과 같이 말합니다.

> 구조적 변동을 서술하다 보면 그 안에 살고 있는 민중의 구체적인 모습이 묻혀버릴 우려가 있다. 또한 민중의 활동과 교류가 근현대사의 흐름과 어떻게 관련되는지 드러나지 않을 수도 있다. 그래서 우리는 세 나라 민중의 생활과 교류를 다루는 책을 함께 집필하기로 했다.
>
> -6쪽에서

저는 이러한 저자들의 집필 의도에 크게 공감이 갔습니다. 앞면과 뒷면이 합쳐져 하나의 동전을 이루듯이, 정치·사회 체제의 구조적 변동과 민중의 생활사가 어우러

져야 비로소 하나의 역사가 온전히 드러날 수 있겠다는 생각이 들었기 때문입니다. 예상 그대로 2권에서는 헌법, 도시화, 철도, 이민과 유학, 가족과 젠더, 학교 교육, 미디어, 전쟁과 민중 등의 주제로 우리에게 좀 더 친숙하고 살가운 민중의 이야기들이 파노라마처럼 펼쳐집니다. 오늘날 우리의 일상을 이해하는 열쇠를 찾을지도 모를 일이니 저는 여러분이 2권도 꼭 챙겨보면 좋겠습니다. 역시, 사람의 욕심은 끝이 없는 게 확실합니다.

# 정치·사회

자유와 구속, 갈등과 조화

VI

# 자유, 그 위대한 이름

## 존 스튜어트 밀 | 자유론

각 개인은 자신의 행동이 다른 사람의 이해관계에 해를 주지 않고 자기 자신에게만 영향을 미칠 때 사회에 대해 책임지지 않는다. 다른 사람의 눈에 어떤 사람의 행동이 불만스럽거나 옳지 않게 보일 때, 당사자에게 이익이 될 수 있도록 정당하게 의사를 표시할 수 있는 유일한 방법은 충고, 훈계, 설득 또는 상대해주지 않고 피하는 것뿐이다.

-197~198쪽에서

로펌에서 하는 주요 업무 중 하나는 고객이 의뢰한 법적 쟁점을 살펴보고, 그에 관한 법률 의견서를 작성하는 일입니다. 최근에는 고객들이 이미 상당한 법률 지식을 갖춘 경우가 많고, 사내 변호사가 근무하는 회사도 크게 늘어났기 때문에 로펌까지 문의가 들어오는 질의는 명확한 법적 근거를 찾기 어렵거나 유사 선례가 없는, 한마디로 말해 답을 찾기 어려운 경우가 대부분입니다. 이러한 상황에서 변호사가 가장 범하기 쉬운 오류가 전문용어를 동원한 동문서답입니다. 고객이 물어본 것에 대해서는 대답하지 않고, 물어보지 않은 것에 대해 법조문과 판례를 동원하여 장황하게 서술하는 것입니다. 그 원인은 명확합니다. 물어본 것에 대한 답을 찾지 못하였거나 찾은 답에 확신이 없기에 부지불식 간에 논점을 옮겨 이를 회피해 보고자 하는 것이죠.

이러한 오류는 비단 변호사의 법률 의견서에만 나타나는 것은 아닙니다. 어떠한 종류의 글이든 '잘 쓰인 글'이라 함은 던져진 질문에 정면으로 맞서서 그 본질을 줄기차게 파고 들어가는 쟁투를 포함해야 하는데, 사실 그러한 글을 찾기가 쉽지는 않습니다. 물론 논리가 정연하고 충분한 근거를 갖추어 고개를 끄덕이게 하는 해답까지 담고 있어야 잘 쓰인 글의 충분조건을 달성하는 것이겠지만, 저는 설령 그 답이 다소 모자란다고 해도 질문에 대해 치열하게 고민하는 과정을 보여주는 글이라면 그 나름의 가치가 있다고 생각합니다. 어느 부분이 틀렸는지 고민할 수 있는 기회를 우리에게 제공해 주기 때문이죠.

'고전이란 무엇인가'라는 질문에 대한 제 나름의 답을 적어보려다 서설이 길어졌습니다. 그렇다면, 고전이란 무엇일까요? 앞의 논의를 이어받아 답을 내려보려 합니다. 인류에게 던져진 근본적인 질문에 대하여 이를 회피하지 아니하고 정면으로 맞서서, 시공을 초월하는 보편적 해답을 제시하는 책이 바로 고전이 아닐까요.

그리고 지금 소개해 드리는 이 고전은 아주 용감하게도 우리네 삶의 가장 근본에 터 잡고 있는 의문인 '자유란 무엇인가'에 대한 질문을 꺼내 들고 그 답을 찾아 나서고 있습니다.

나는 이 책에서 자유에 관한 아주 간단명료한 단 하나의 원리를 천명하고자 한다. 이를 통해 사회가 개인에 대해 강제나 통제 - 법에 따른 물리적 제재 또는 여론의 힘을 통한 도덕적 강권 - 를 가할 수 있는 경우를 최대한 엄격하게 규정하는 것이 이 책의 목적이다.

― 35쪽에서

여러분은 '자유란 무엇인가'라는 질문을 받으면 가장 먼저 어떠한 생각이 떠오르나요? 제 주변에서 같은 이야기를 해보면 대부분은 '남에게 피해를 입히지 않는 범위 내에서 나의 뜻대로 하는 것'이라는 답을 합니다. 아마 여러분도 비슷하게 생각하지 않을까 싶은데, 사실 이 책의 저자 역시 유사하게 자유를 정의하고 있습니다. 큰 틀 안에서는 그와 우리의 생각에 큰 차이가 없는 것이죠.

인간 사회에서 누구든 - 개인이든 집단이든 - 다른 사람의 행동의 자유를 침해할 수 있는 경우는 오직 한 가지, 자기 보호를 위해 필요할 때뿐이다.

― 36쪽에서

이 책을 특별하게 만들어주는 것은 연이어 꼬리에 꼬리를 물고 이어지는 의문들입니다.

자유는 왜 중요한가, 자유에는 어떤 유형이 있는가, 자유가 주어진다고 최선으로 나아갈 수 있는가, 누가 개인의 자유를 침해하는가, 남에게 피해를 입힌다는 것은 무엇을 의미하는가….

제가 소개한 다른 저자들처럼, 이 책의 저자도 이러한 의문들을 마치 예견이라도 한듯 하나도 빠짐없이, 어려운 용어는 거의 차용하지 아니한 채 평이한 언어로, 그러면서도 오늘을 사는 우리가 여러 번 곱씹게 만드는 그런 해답을 줄기차게 건네주고 있습니다.

『자유론』과 함께 하는 여정의 이정표를 여러분에게 미리 건넨다는 생각으로 제가 품었던 의문에 대한 저자의 대답 중 일부를 먼저 가져와 봤습니다.

### 자유는 왜 중요한가?

우리의 육체나 정신, 영혼의 건강을 보위하는 최고의 적임자는 누구인가? 그것은 바로 각 개인 자신이다. 우리는 자신에게 도움이 된다고 생각하는 방향으로 자기 식대로 인생을 살아가다 일이 잘못돼 고통을 당할 수도 있다. 그러나 설령 그런 결과를 맞이하더라도 자신이 선택한 길을 가게 되면 다른 사람이 좋다고 생각하는 길로 억지로 끌려가는 것보다 궁극적으로는 더 많은 것을 얻게 된다. 인간은 바로 그런 존재이다.

-41~42쪽에서

자기식대로 살아가는 것이 궁극적으로 더 많은 것을 얻게 되는 길이라는 저자의 주장도 인상적이지만 그 근거로 내세우는 내용이 더 뇌리에 박힙니다. "인간은 바로 그런 존재"라는 것입니다.

### 남에게 피해를 입힌다는 것은 무엇을 의미하는가?

타인의 권리를 침해하는 것, 정당한 권리 없이 다른 사람에게 손해를 끼치고 타격을 입히는 것, 거짓으로 또는 표리부동하게 사람을 대하는 것, 불공정하게 또는 관대하지 못한 방법으로 남에게서 이득을 얻는 것, 심지어는 다른 사람이 위험에 빠져 있는데 이기적인 마음에서 모른 척하는 것 등, 이 모두는 도덕적 비난 또는 심각할 경우에는 도덕적 징벌이나 처벌의 대상이 되어야 한다.

-167~168쪽에서

지극히 평이한 언어로 쓰여 있지만, 허투루 듣기에는 문구 하나하나의 깊이가 예사롭지 않습니다.

저자는 『자유론』에서 여러 유형의 자유를 다루고 있지만, 그중에서도 특히 '표현의 자유'에 많은 관심을 쏟고 있습니다. 양심의 자유, 생각과 감정의 자유, 절대적인 의견과 주장의 자유를 누릴 수 있어야 한다며 구체적으로 세 가지 상황을 예로 들어 자신의 주장을 뒷받침합니다.

먼저 기존의 통설이 틀린 경우에는 다른 의견이 진리일 수 있기 때문에 당연히 표현의 자유가 인정되어야 합니다. 다음으로 일반적인 상황에서는 각 의견이 어느 정도씩 진리를 담고 있는 경우가 대부분이기 때문에 역시 표현의 자유가 인정되어야 하죠.

백미는 세 번째입니다. 그는 설령 통설이 진리이더라도, 그러니까 소수의 반대 의견이 오류임이 명백하더라도 표현의 자유는 여전히 인정되어야 한다고 주장합니다. 진리와 오류 사이의 논쟁은 진리를 분명히 이해하고 또 깊이 깨닫는 데 없어서는 안 될 필수 요소이기 때문입니다. 숱한 토론에 둘러싸여 살아갈 수밖에 없는 우리들이 몇 십 번, 몇 백 번이고 곱씹어야 할 통찰이 아닐 수 없습니다.

이 책은 자유에 관한 논의를 주로 담고 있지만, 후반

부에서는 정부의 권한과 한계, 교육제도, 관료제 등 각종 제도적 설계에 관한 주제로 그 논의를 확장해 갑니다. 자유에 관한 저자의 논의가 현실 제도 속에 구현되는 모습을 볼 수 있는 부분이기도 하지요. 저는 여러분이 이 부분도 놓치지 않고 챙기면 좋겠습니다. 지금 우리 사회가 만들어놓은 제도와 그 당시 저자가 모색했던 제도 사이에 어떠한 공통점과 차이점이 있는지 살펴보는 건 오늘을 사는 우리만이 누릴 수 있는 특권이니 말입니다.

# 정치가가 희망을 이야기할 때

버락 오바마 | 담대한 희망

희망을 지키는 대담성. 나는 이것이 미국 정신의 정수라고 생각했다.

- 529쪽에서

지금은 전 세계에 영향을 끼치는 정치인이 된 미국의 44대 대통령 버락 오바마가 미국 연방 상원의원에 당선된 지 갓 1년이 되던 해인 2006년에 출간한 책입니다. 여러분에게는 미국 대통령으로서 완숙한 그의 모습이 더 익숙할 텐데, 2006년 당시 세계 정치 무대에 혜성처럼 등장했던 젊은 흑인 상원의원 버락 오바마는 어찌 보면 앳되기까지 한 모습이었습니다.

수많은 우여곡절을 겪고 우려 섞인 시선을 받으면서도, 그는 마침내 미국 역사상 흑인으로서는 최초로 대통령에 당선되었고, 8년 간의 대통령직 임기를 마친 지도 벌써 꽤 오랜 시간이 흘렀습니다. 그 역사적인 대선 레이스에서 『담대한 희망』은 출사표와 같았습니다. 전 세계적인 오바마 열풍의 일등공신으로서 그 역할을 톡톡히 해냈지요. 최근 그가 펴낸 『약속의 땅』 초입부에 이 책에 관한 일화가 잠시 소개되는데, 재미있는 점은 그가 애초에 대선 출마를 염두에 두고 이 책을 쓴 것은 아니었다는 것입니다. 오바마는 당시 미국 연방 상원의 유일한 흑인 의원으로서 당파성, 인종, 종교 등으로 극심하게 분열된 미국인을 하나로 결속

시킬 공통의 가치를 찾는 데 자신의 정치적 사명이 있음을 직감했고, 오랜 고민과 물음 끝에 이 책을 내놓았던 것이죠. 그러다가 그의 갑작스런 대선 출마와 함께 이 책의 의미도 덩달아 변모하였던 것입니다.

이러한 탄생 스토리에서 짐작할 수 있듯, 이 책에는 정치에 입문한 지 갓 10년을 넘긴 45세의 젊은 정치인 버락 오바마의 날것 그대로의 생각과 체험이 배어 있습니다. 두 딸의 아버지로서, 남편으로서 느끼는 보람과 고충을 솔직하게 고백하는가 하면, 자신보다 먼저 아버지로서 책임을 멋지게 완수한 장인에 대한 깊은 존경심이 드러나기도 합니다. 한편, 세련된 문장과 겸손한 문체에서 우리는 인간 오바마의 능력과 성품을 동시에 가늠해 볼 수 있습니다.

그럼에도 이 책이 갖는 가장 큰 매력은 우리의 예상을 훌쩍 넘어서는 담대함과 포용력, 그리고 정제된 희망에 있습니다. 저자는 이 책에 대해 으레 품을 법한 지레짐작, 젊은 흑인 정치인이 뿜어내는 강한 정치색으로 책 안이 꽉 차 있을 것이라는 세간의 예상을 보기 좋게 뒤엎습니다.

그는 인종주의의 프레임을 걷고, 파당적 미국 정치의 현주소를 냉정히 뒤돌아본 뒤, 미국인을 미국인으로 묶어 주는 '가치'를 찾는 데서 과감히 이 책의 논의를 시작합니다. 그러한 그의 눈이 다다른 종착지는 다름 아닌 미국 헌법이었습니다. 혼혈인으로서 감당해야 했던 정체성에 대한 오랜 방황과 정치인으로서의 크고 작은 시행착오 끝에, 그는 자신이 밤낮으로 탐색하던 미국인을 하나로 묶어주는 가치도, 그 가치를 실현해 내는 도구도 모두가 미국 헌법 속에 이미 들어 있다는 것을 깨닫게 되었던 것입니다.

헌법에 기반한 시민의 정치 참여는 이후 그의 정치 인생을 관통하는 정치철학으로 자리매김합니다. 미국 대통령직을 마치고 백악관을 떠나기 직전 행한 고별 연설에서도 한층 더 확신에 찬 목소리로 시민들에게 헌법에 힘을 불어넣자고 호소하는 그의 목소리를 들을 수 있으니까요.

> 헌법은 놀랄 만큼 아름다운 선물입니다. 그러나 이것은 실제로는 양피지에 불과합니다. 그것은 스스로 힘이 없습니다. 우리, 국민들이 거기에 힘을 부여합니다. 우리, 국민이 헌법에 의미를 부여합니다. 우리의 참여와 선택, 그리고 우리가 만들어낸 단결에 의해서입니다.*

---

* "President Obama's Farewell Address"(obamawhitehouse.archives.gov).

이 책의 3장에서부터는 본격적으로 정치, 기회, 신앙, 인종, 국경 너머의 세계, 가족 등의 세부 주제에 맞추어 정치인으로서 오바마가 갖는 구체적인 지향점 및 아이디어가 차근차근 제시됩니다. 그는 추상적이고 이념화된 정치언어를 늘어놓는 대신 당장 미국인이 직면한 문제(취업, 주거, 교육, 의료, 환경, 에너지 등)를 전면에 부각시키고 이를 해결하기 위한 실천적 대책을 제시하고자 애씁니다. 그러면서도 대책이 마땅치 않을 때는 정치가 모든 문제를 해결할 수 없다는 점을 정직하게 인정해 버리지요.

정치인이 대놓고 정치의 한계를 고백하는 상황을 맞닥뜨리고 보면 아쉬움이 드는 것도 솔직한 심정입니다. 하지만 그 정직함 덕분에 그가 전하는 희망은 '살아있는 희망'으로, 우리들 모두가 시도해 볼 만한 '담대한 희망'으로 차츰 그 면모를 갖추어 나갑니다. 적어도 우리가 하루하루를 성실히 살아간다면, 그래서 우리가 자신의 운명을 얼마간 지배할 수 있고, 그에 대한 책임을 지겠다는 '담대한 희망'을 매일매일 행동으로 실천한다면, 우리는 국가에, 정치인에게 그러한 행동이 결실을 맺을 수 있는 여건을 마련하라고 당당히 요구할 수 있게 된다는 것이죠.

이쯤에서 한 가지 짚고 넘어갈 점은 전 세계적인 그

의 유명세와 정치적 유산을 감안하더라도, 그는 어디까지나 미국의 정치인이자 대통령이었다는 사실입니다. 그러하기에 아무리 그가 보편적 인류애를 표방한다 하더라도, 그의 정치적 의사결정에서는 미국의 국익이 최우선으로 될 수밖에 없었을 것입니다. 그래서일까요. 정치인 버락 오바마에 대해서는 미국 내에서는 말할 것도 없고 전 세계적으로도 다양한 평가가 존재합니다. 그리고 지금 미국이 처한 현실을 바라보는 세계인의 시각도 말 그대로 천차만별이지요.

하지만 저는 이러한 사정이 이 책의 의미까지 퇴색시키지는 않는다고 생각합니다. 정치가가 마음을 터놓고 담대한 희망을 이야기할 때, 우리는 언제든지 그 이야기에 귀 기울일 마음을 가지고 있다고 믿기 때문입니다. 그리고 이러한 마음은 굳이 정치가의 국적을 따지지 않으리라고도 확신합니다. 그 이유는 간단합니다. 제 눈에 비친 미국인들의 삶이나 우리들의 삶에서, 각자 갖는 담대한 희망 사이에는 말 그대로 어떠한 차이도 찾아낼 수 없기 때문입니다.

# 상위 1퍼센트가 아니라 20퍼센트다

### 리처드 리브스 | 20 VS 80의 사회

시장경제에서는 시장에서 인정되는 능력을 가진 사람이 더 잘 성공할 수 있을 것이다. 뻔한 말로 들리는가? 하지만 여기에는 중요한 함의가 있다. 능력을 육성하는 것이 출생의 운에 좌우되고 매우 불평등하게 이뤄진다면, 굉장히 불공정한 사회에도 굉장히 능력 본위적인 시장이 존재할 수 있다.

-26쪽에서

방영되자마자 세간의 관심을 끌어모은 텔레비전 드라마 〈SKY 캐슬〉은 상위 1퍼센트 부자에 속하는 의사, 법조인 집안의 부모가 자식을 '명문 대학'에 보내기 위해 수단, 방법을 가리지 않는 모습을 가감 없이 보여주면서 큰 반향을 불러일으켰습니다. 드라마는 최상위 층으로 그 무대를 한정하고 있지만 꼭 그 위치에 있지 않더라도 대부분의 학부모들이 자녀 교육을 위해 전투 아닌 전투를 치러야 하는 처지이기에 금세 공감대가 형성될 수 있었죠.

입시 지옥을 거쳐 취업, 결혼, 그리고 다시 자녀 교육으로 이어지는 끝없는 경쟁이 유독 우리나라에서만 극심한 일이라 생각하기 쉽지만, 알고 보면 이러한 상황이 우리만의 전유물은 아닙니다. 이 책은 모두가 인간으로서 온전하게 성장하고 발전할 수 있으리라는 꿈, 이른바 '아메리칸 드림'을 국가 가치로 공유한다고 자부하는 미국에서도 실상은 상위 20퍼센트에 속해 있는 중상류층이 나머지 미국인의 꿈을 지독하리만큼 치밀하게 '사재기(Dream Hoarders)'하고 있다는 것을 여과 없이 보여주고 있습니다.

저자는 역설적이게도 기회의 균등을 최우선 가치로

내세웠던 오바마 대통령의 '세제 개혁안 철회'로부터 『20 vs 80의 사회』의 논의를 시작합니다. 오바마 대통령은 주로 부유층 가구가 세액 공제 혜택을 받고 있는 '529플랜개혁안(529 College Savings Program)'의 세제 혜택을 없애는 내용의 세제 개혁안을 야심 차게 추진했지만, 바로 그 세제의 가장 큰 수혜자인 중상류층이 밀집되어 있는 지역구에 속한 민주당 의원들의 반발로 슬그머니 그 개혁안을 철회하고 맙니다. 리처드 리브스는 이 논란이야말로 미국의 중상류층이 자식들의 교육에 얼마나 민감한지, 그들이 실제로 정치·사회적으로 얼마나 큰 영향력을 가지고 있는지를 상징적으로 보여주는 사건이라고 적고 있습니다.

폴 월드먼이 《워싱턴 포스트》에서 지적했듯이, 오바마의 개혁안은 '화나게 만들면 가장 위험한 유권자 집단을 타깃으로 삼고' 있었다. 그 집단은 중상류층이며, 이들은 '영향력을 발휘할 수 있을 만큼 충분히 부유하고 당락을 좌우할 수 있을 만큼 충분히 수가 많다.' 529플랜 개혁안을 둘러싼 논란은 마치 엑스레이의 섬광처럼 미국 사회에서 가장 심각하고 중대한 파열이 어디에서 발생하고 있는지를 드러냈다. 그 파열은 중상류층(넓게 보아 상위 20퍼센트)과 나머지 사람들 사이에 있었다.

-14~15쪽에서

바로 여기에 이 책의 핵심 논지이자 가장 흥미로운 분석이 위치하고 있습니다. 저자는 미국 사회 계층 분화의 기준점을 상위 1퍼센트 최상류층이 아니라 상위 20퍼센트(가구 소득 기준)에 속하는 중상류층으로 보고 있습니다. 그동안 불평등에 관한 논란이 으레 최상류층 내지는 슈퍼 리치에 초점이 맞춰져온 것을 감안해 보면, 독자들에게 커다란 발상의 전환을 불러 일으키는 셈입니다.

저자는 미국 내에서 상위 20퍼센트와 나머지 80퍼센트의 차이가 점점 더 벌어지고 있을 뿐 아니라 그러한 계급 분리가 세대를 거쳐 영속화되고 있다는 사실을 여러 통계와 사례를 들어 논증합니다. 그리고 이러한 지위 세습은 좀 더 많은 자원을 보유한 중상류층 부모가 좋은 부모가 되기 위해 자연스럽게 하게 되는 여러 활동에 의해서도 물론 발생하지만, 중상류층 부모들이 '불공정한 기회 사재기'에 힘을 쏟아 경쟁의 판을 왜곡하는 현실이 실은 훨씬 더 크게 작용하고 있음을 누차 강조하지요.

하루하루를 부지런히 살아왔다고 자부하는 중상류층

의 입장에서는 상당히 거북하고 받아들이기 어려운 내용임에도 이 책이 전 세계적인 주목을 받은 이유는 저자의 주장에 고개를 끄덕이게 하는 힘이 실려 있기 때문입니다. 저자 스스로 자신이 중상류층에 속해 있음을 솔직히 인정하는 모습에서도 그 힘의 원천을 일부 찾아볼 수 있지만, 무엇보다 저자의 독특한 배경이 이 책의 에토스Ethos, 진정성에 결정적 요인으로 작용하고 있습니다.

놀랍게도 리처드 리브스는 이 책의 주제와 직접 맞닿아 있는 바로 그 이유로 아메리칸 드림을 찾아 영국에서 미국으로 귀화까지 감행한 이민자입니다. 그는 원래 영국인이었으나, 영국 상류 계급의 우월 의식과 계급 장벽에 염증을 느껴 미국으로 귀화합니다. 그런데 계급 없는 사회인 줄 알았던 미국의 계급 구조가 오히려 옛 조국보다 극심하다는 것을 깨닫고 더 깊은 회의감에 빠져들게 되지요.

하지만 곧 나는 나를 진정으로 끌어당긴 것이 무엇인지 깨달았다. 미국이 내게 언제나 매력적이었던 이유는 개방성과 평등에 대한 약속이었다. 나는 영국에 팽배한 상류 계급의 우월 의식과 계급 구분을 늘 싫어했다. 그런데 미국에 와서 나의 새 조국을 더 잘 알게 될수록 여기에서도 계급이 고

착되고 있다는 것이 분명히 드러났다. 특히 계급 사다리의 위쪽은 영국보다도 경직성이 더 심했다. 오늘날 영국과 미국의 주된 차이는 미국인들이 이것을 인정하지 않으려 한다는 점이다.

— 230쪽에서

『20 vs 80의 사회』는 이러한 회의감을 새로운 기대로 바꾸고자 하는 저자의 간절함에서 시작된 프로젝트였습니다. 그러니 진솔한 독자라면 이 책이 전하는 의미를 가벼이 넘길 수 없습니다. 우리 사회에서도 공정과 정의는 단연 최고의 화두입니다. 특히 인생의 진로를 구체적으로 정해야 하는 여러분에게 기회의 균등과 투명한 절차를 상징하는 '평평한 운동장'은 우리 사회가 담보해야 할 최우선 과제가 아닐 수 없습니다. 이를 위해 가장 먼저 필요한 것은 무엇일까. 저는 우리 사회가 처한 현실을 냉철하게 직시하는 것이 우선이지 않을까 싶습니다. 이 운동장이 얼마나, 어떻게 기울어져 있는지 알아야, 어디서부터 어떻게 고칠지, 고치는 데 얼마나 걸릴지 고민할 수도 있을 테니 말입니다.

당연하게도 이러한 일을 맡아야 할 사람들은 저를 포함한 기성세대입니다. 그리고 이에 대한 저의 대답은 여러분께는 매우 송구하게도, 이제야 기울어진 운동장의 본 모습을 회피하지 않고 정면으로 들여다볼 용기와 경험을 어느 정도 갖추게 되었다는 자각 정도입니다. 생애전환기를 넘어선 저에게도 구체적인 실천은 이제부터라는 고백이지요.

말이 나온 김에 하나 더 고백하면, 저에게는 『서른 권의 열쇠』가 바로 그 실천의 시작이었습니다. 사실 『서른 권의 열쇠』는 이 책이 아니고는 삶의 열쇠를 건네받을 기회가 없는, 기울어진 운동장의 끝에서 오늘도 삶의 의미를 열렬히 갈구하는 우리 사회 곳곳의 청춘들을 위한 저의 헌사獻詞입니다. 굳이 이 책이 아니더라도, 부모로부터, 대학에서, 또는 여러 인생 선배들로부터 귀중한 열쇠를 건네받을 기회가 많은 이들도 있지만, 그렇지 못한 환경에서 고군분투 중인 청춘들이 실은 훨씬 더 많으니까요.

과연 『서른 권의 열쇠』가 얼마나 효과를 발휘할지, 얼마나 많은 청춘들에게 전달이 될지는 알 길이 없지만, 그래도 저에게 한 가지 확실한 건 있습니다. 기울어진 운동장에서 의기소침해 있던 단 한 명의 청춘이라도 『서른 권의 열쇠』를 읽고 자신이 꾸려갈 삶에 의지를 다지게 된다면, 저의 헌사는 두말할 나위 없는 대성공으로 제 마음속에 당당히 기록될 것이라는 믿음, 바로 그것입니다.

# 위험을 감수하지 않는 자, 입을 다물라

## 나심 탈레브 | 스킨 인 더 게임

행동과 책임의 균형은 정의, 명예, 희생 등 인간 존재에 관한 문제이기도 하다. 적어도 나는 그렇게 믿는다.

-11쪽에서

'스킨 인 더 게임Skin in the Game'은 유래가 명확하지는 않으나, '자신이 책임을 안고 현실(문제)에 참여하라'는 뜻을 지닌 용어입니다. 저자는 이 책에서 사회에 존재하는 행동과 책임 사이의 불균형과 그에 따른 결과를 다루는데, '스킨 인 더 게임'은 저자가 바람직하다고 생각하는 행동 양식을 상징적으로 가리킵니다. 자신은 이익만 취하고 손실이나 책임은 다른 이에게 떠넘기려는 사람이 많아질수록 즉, 스킨 인 더 게임이 펼쳐지지 않을수록 사회 시스템은 점점 더 취약해질 수밖에 없다는 게 이 책의 골자이지요.

새로울 게 없는 당연한 이야기가 아닌가, 하는 의문이 들지도 모르겠습니다. 이 책의 특별함은 이 당연한 원리를 우리가 미처 예상하지 못한 주제에 이르기까지 세세히 적용하고 그 효과를 분석해 내는 데 있습니다. 사회 저변에 깊숙이 박힌 행동과 책임 간의 불균형이 저자의 예리한 시선을 거쳐 우리의 시야에 또렷이 들어오게 되는 것이지요.

문명화가 진행될수록 세상에 존재하는 다양한 괴리 현상도 심화된다. 우리가 행동과 책임의 균형을 추구하는 사회를 만들고자 노력한다면 다음과 같은 괴리에서 발생하는 악영향을 사전에 줄일 수 있을 것이다. 말과 실제 행동 사이의 괴리, 의도와 결과 사이의 괴리, 현실과 이론 사이의 괴리, 명예와 평판 사이의 괴리 (…) 결혼(사랑)과 금전 추구 사이의 괴리, 영국 코번트리와 벨기에 브뤼셀 사이의 괴리, 미국 오마하와 수도 워싱턴 사이의 괴리, 일반인과 경제학자 사이의 괴리, 작가와 편집인 사이의 괴리, 학위와 대학교 사이의 괴리, 민주주의와 통치 방식 사이의 괴리, 과학과 과학주의 사이의 괴리, 정치와 정치인 사이의 괴리, 실제 사상과 선언문 사이의 괴리, 고대 로마의 카토와 버락 오바마 사이의 괴리, 품질과 광고 사이의 괴리, 진심과 표현 사이의 괴리, 그리고 가장 중요한 것으로 개인과 집단 사이의 괴리가 대표적이다.

- 11~12쪽에서

저자가 일일이 나열하는 이 수많은 괴리를 하나하나 곱씹어 보는 것이 곧 이 책을 읽는 이유가 됩니다. 그중에서도 '간섭주의자(Interventionist)'에 관한 저자의 논의는 행동과 책임의 불균형을 가장 적나라하게 보여주는 사례입니다. 간섭주의자는 '당사자도 아니면서 해당 상황을 잘 안다고 스스로 착각하여 그 상황에 개입하는 자'를 뜻합니다. 정부의 경제 정책에 개입하는 대학 교수나 다른 국가의 독재자 축출에 개입할 것을 촉구하는 언론사 칼럼니스트 등이 저자가 예로 드는 대표적인 간섭주의자이죠.

왜 간섭주의자의 행동과 책임은 불균형 상태일까요? 그 이유는 명쾌합니다. 설령 예측이 틀려서 막대한 피해가 발생한다 하더라도 간섭주의자에게는 아무런 영향도 미치지 않기 때문입니다. 저자는 이러한 간섭주의자의 모습을 단 두 줄의 문장으로 날카롭게 포착해 내고 있습니다.

> 이들은 사계절 내내 적절한 실내 온도가 유지되는 미국 교외의 멋진 집에서 과보호받는 평균 2.2명의 자녀와 함께 반려동물을 기르고 살면서 간섭주의자로서의 행동을 취한다.
>
> — 29쪽에서

간섭주의자는 그 분야의 전문가이기 때문에 이른바 '간섭'이란 것을 하는 것이고 그러한 '간섭'은 사회에 필요한 것이 아닌가 하는 의문이 충분히 제기될 수 있습니다. 하지만 저자는 행동과 책임의 균형 원리에 근거하여 이러한 반론을 단호히 배척합니다. 사람은 위험에 노출되어 살

갖이 까지는 경험을 해야 배우고 성장할 수 있는데 간섭주의자들은 책상에서 공부만 했기에 위험을 무릅쓴 현장 경험을 쌓지 못했고, 그러한 경험이 결여된 논리적 고찰에는 이론적으로도 심각한 결함이 수반되기 일쑤라는 것이죠.

『스킨 인 더 게임』을 읽으면서 염두에 둘 점이 있습니다. 사회적 통념과 상충되는 지점을 파고들어 가는 저자의 메시지를 견고히 이해하려면 기저에 흐르는 메시지의 맥락을 숙고하는 과정이 꼭 필요하다는 것입니다. 가령, 저자는 주식 전문 기자가 어떤 종목의 주식을 매수한 다음 해당 기업을 지속적으로 보도하다가 주가가 상승하면 매도하는 행위를 예로 들면서, 비록 시장 조작이나 이해 충돌의 문제가 발생할 수는 있지만, 기자가 그 주식을 매수할 수 있도록 하는 것이 주식 매수를 일절 금지하는 것보다는 사회적으로 더 긍정적인 결과를 가져올 수 있다는 주장을 펴기도 합니다. 자신이 보도하는 기업의 주식 매수를 일절 금지당하면 기자들이 안전 지향 일변도가 되어 일반적 여론만을 추종하는 기사를 작성할 수밖에 없다는 것이죠. 설령 이해 충돌이 발생하더라도 이를 유발하는 쪽에서 이익뿐 아니라 손실 위험도 함께 부담한다면 크게 문제될 것이 없다는 생각으로도 이해해 볼 수 있습니다.

여러분은 어떠한 생각이 드는지요? 위 간섭주의자의 예로 돌아가서, 어느 나라의 정치 상황에 아무런 이해관계도 없는 간섭주의자의 의견을 두고 '독립성을 갖춘 3자의 객관적인 판단'이라는 평가를 해볼 여지는 없을까요? 아니면 저자의 주장대로, 그것이 초래하는 결과로부터 아무런 영향도 받지 않는 3자의 무책임한 주장에 불과하다고 일축해야 하는 것일까요?

리스크로부터 벗어나 있어야 하느냐, 아니면 리스크를 공유하고 있어야 하느냐?

분명한 것은 간단하게 답을 낼 수 있는 문제는 아니라는 점입니다. 현실에서는 우리가 의사결정을 할 때 요구되는 가치가 무엇인지조차 (객관적 판단인지, 책임 있는 판단인지, 이론적으로 뒷받침된 전문성인지 아니면 경험에서 우러나오는 전문성인지) 명확히 합의되지 않은 경우가 부지기수이니까요.

아이러니하게도 저자는 『스킨 인 더 게임』이라는 '책'을 쓰면서도 책상물림이 되어 책으로만 배우는 것의 한계를 통렬히 지적합니다. 용감함에 관한 책을 읽는다고 해서 용감한 사람이 되는 것은 아니라는 것이죠. 저자의 독특한 면모가 유감없이 발휘되는 일갈이지만 그렇다고 저자가 독서를 통한 학습 자체를 일체 부정하는 것은 아닙니다. 이 책 이곳저곳에서 저자만의 독서 철학을 찾아볼 수 있지요.

이제 이 책에 관한 저의 이야기는 이쯤에서 마무리하고, 나머지는 여러분의 몫으로 넘기려 합니다. 남이 쓴 책에 이러쿵저러쿵 평을 다는 것을 저자가 좋아할 리 없다는 사실 정도는 저도 잘 알고 있으니까요.

# 경제

무엇을 만들 것인가,
누가 만들고 누가 쓸 것인가

VII

# 자본가로부터 자본주의 구하기

라구람 라잔 · 루이지 징갈레스 | 시장경제의 미래

진실로 자유롭고 경쟁적인 시장은 '규칙 부재'와 '질식시키는 규칙' 사이의 매우 미묘한 중간 지역에 위치한다. 최선의 자본주의가 불안정한 이유는 바로 이 같은 중간 지역이 매우 좁기 때문이다.

- 480쪽에서

재화·서비스의 풍요로운 생산을 가져다주지만 부익부 빈익빈을 초래하는 불완전한 시스템, 이는 시장경제를 바라보는 양면적 시선이라 할 수 있습니다. 하지만 시장경제에 대한 우리의 고민은 보통 여기에서 멈추고 마는 게 현실이기도 합니다. 자유 시장경제 시스템의 한복판에서 치열하게 살아가다 보니, 정작 자유 시장경제의 본 모습을 찬찬히 고민해 볼 여유는 갖지 못하는 셈입니다. 『시장경제의 미래』는 이러한 아이러니를 타개해 볼 수 있는 기회를 제공한다는 점에서 우리가 놓쳐서는 안 되는 열쇠입니다.

이 책의 한국어판은 '시장경제의 미래'라는 제목으로 발간되었지만, 원제는 '자본가로부터 자본주의 구하기(Saving Capitalism from the Capitalists)'입니다. 자본주의의 최대 수혜자로 보이는 자본가로부터 자본주의를 구한다는 것이 일견 모순적으로 느껴지는데요. 이 책을 읽어 내려간다는 것은 결국 이 원제가 갖는 의미를 이해해 가는 과정이라 할 수 있을 만큼, 이 책에서 '자본가로부터 자본주의 구하기'라는 제목이 갖는 상징성은 남다릅니다. 물론 자본주의와 시장경제가 동일한 개념은 아니고 양자 간의 관계에 대해서도 많은 연구가 있지만, 이 책을 읽기 전에 거기까지 나아갈 필요는 없습니다. 저자들이 명료하면서도 평이한 문체로 시장경제의 본질을 착실히 설명해 주고 있기 때문이죠. 저자들이 던지는 자유 시장경제에 대한 메시지를 이해하는 첫 걸음은 다음의 문제의식을 공유하는 데서 출발합니다.

> 자유 시장경제는 이제까지 인류가 발견한 가장 효과적인 생산 및 분배 시스템이다. 특히 자유 금융시장은 그동안 많은 사람들의 지갑을 두툼하게 해주었음에도 불구하고, 그들의 가슴과 마음에 자리를 잡지 못했으며, 자본주의 여러 시스템 중에서 가장 혹독한 비판을 받으며 잘못 이해되어 왔다.
>
> -1쪽에서

저자들은 경쟁적인 자유 시장이 그토록 많은 혜택을 선사했음에도 일반인들에게 가장 이해가 덜 되어 있을 뿐 아니라 심지어는 불공평한 비판까지 받고 있다고 지적합니다. 그중에서도 가장 큰 오명을 뒤집어쓴 자유 금융시장을 중심으로 이 책의 본격적인 논의를 전개해 가지요. 저자들의 메시지를 짐작해 볼 수 있는 단초로, 여러분이 이 책을 들여다보기에 앞서 미리 떠올리면 좋을 질문들을 아래에 적어보았습니다.

1. 자유 시장경제가 우리에게 주는 혜택이 얼마나 큰가? 자본가가 아닌 우리가 그 혜택을 누리고 있는 게 맞는가?
2. 우리가 직면하는 문제들은 자유 시장경제 시스템 그 자체에서 비롯하는 것인가, 아니면 자유 시장경제 시스템을 위협하는 자들 때문에 발생하는 것인가?
3. 자유 시장경제는 언제 어떻게 취약해지는가?
4. 정치 시스템은 자유 시장경제를 수호하는가, 아니면 위협하는가?
5. 자유 시장경제를 수호하는 규칙과 질식시키는 규칙은 어떻게 구분하는가?

단도직입적으로 이 질문들에 대한 저자들의 답은 이러합니다. 자유 시장경제 시스템의 정치적 기반은 우리의 예상보다 훨씬 취약하기에, 일반 대중이 이 시스템의 파수꾼이 되어야 하고, 그것을 가능케 하는 제도적 장치를 갖추어야 한다는 것입니다.

첫째, 지나치게 강력하지 않고 경쟁적인 환경에 적응할 능력이 있는 기득권자들은 시장을 덜 억압할 것이다. 따라서 중요한 기둥이 되는 정책은 소수가 생산재를 독점하지 않도록 하고, 생산재에 대한 지배권이 없는 사람들도 생산재를 사용할 수 있도록 보장해야 한다. 둘째, 경쟁은 패자를 낳게 마련이므로, 사회적 안전망이 빈곤층을 위해 반드시 필요하다. 사회적 안전망은 빈곤층이 경기침체기를 이겨내는 것을 도울 뿐만 아니라, 그들이 완전한 경력 상실로부터 다시 경제활동을 할 수 있도록 도와야 한다. (…) 마지막으로, 대중이 시장으로부터 얼마나 많은 혜택을 누리는지 인식하고, 겉으로는 무해한 반-경쟁적 정책의 비용을 깨닫도록 해, 대중이 길옆에 비켜서서 방관하지 않도록 해야 한다.

-452~453쪽에서

이미 시장에서 기득권을 획득한 자본가들은 '새로운 혁신'을 추구하는 것처럼 어렵고 고단한 방식보다는 '복잡한 규칙 설정과 로비를 통한 견고한 진입장벽 구축'과 같은 더 손쉬운 방식으로 기득권을 유지하려는 성향을 갖게 마런이라고 저자들은 꼬집습니다. 그러하기에 오히려 이 자본가들이 진실로 자유롭고 경쟁적인 자유시장 경제를 위협하는 요인이라고 지적하지요. 그러니 자본가가 생산재를 독점하지 않도록 하는 제도적 장치를 만들어야 하고, 자본가가 아닌 일반 대중이 자유 시장경제 시스템을 지키는 파수꾼이 되어야 한다는 것입니다.

잠재적인 진입자를 손쉽게 막아주던 기존의 불합리한 진입장벽을 무너뜨리는 요소 중 하나가 바로 신기술의 출현입니다. 우리 가까이에서도 어렵지 않게 그 예시들을 찾아볼 수 있습니다. 카카오뱅크와 같은 인터넷전문은행의 등장은 대표적인 사례라 할 수 있지요.

우리나라 금융 당국은 1998년 이후 무려 20여 년간 신규 은행업 인가를 한 건도 내주지 않았습니다. 이렇듯 은행업에 대한 공고한 진입 장벽이 인정된 것은 은행이 공공재 성격을 띠고 있어서 금융 시스템 안정을 최우선 정책 목표로 삼아야 한다는 사회적 공감대가 있었기 때문입니다. 은행 간 과도한 경쟁은 고위험 투자와 대규모 불완전 판매 등으로 이어질 수 있다는 우려가 컸던 것입니다.

이러한 산업 구조에 변화를 가져온 것이 모바일 뱅킹 기술의 급속한 발전이었습니다. 전 세계적인 핀테크 열풍

속에 우리나라에서도 은행의 경쟁과 혁신을 요구하는 목소리가 차츰 힘을 얻게 되었고, 20여 년 만에 카카오뱅크를 필두로 한 인터넷전문은행이 새롭게 은행업에 진출하게 된 것이죠. 이른바 '메기효과'를 기대하면서 말입니다.

하지만 신기술의 출현이 항상 진입 장벽의 완화나 철폐로 이어지는 것은 아닙니다. 인터넷전문은행이 설립된 지 벌써 꽤 오랜 시간이 흘렀지만 여전히 은행 산업의 경쟁과 혁신을 촉구하는 목소리가 나오는 것만 보더라도, 한번 세워진 진입 장벽을 바꾸는 것이 얼마나 어려운지 알 수 있습니다. 진입 장벽이 갖는 순기능과 역기능이 복합적으로 얽혀 있기에 그 실타래를 풀어내는 데만 해도 상당한 시간과 논의가 요구되는 것입니다. 이제 여러분은 왜 이 책의 저자들이 진실로 자유롭고 경쟁적인 시장은 규칙 부재와 질식시키는 규칙 사이의 매우 좁고도 미묘한 중간 지역에 위치한다고 강변하는지 이해가 가기 시작할 것입니다.

『시장경제의 미래』는 미국에서 2003년에 출간되었고 한국어판은 2008년에 발간되었지만, 아쉽게도 지금은 절판된 상태입니다. 눈길을 끄는 건 2008년 한국어판 발간 당시 이 책의 정가는 20,000원이었는데, 지금은 70,000원이 넘는 가격에 중고 서적으로 거래되고 있다는 사실입니다.

여전히 찾는 사람이 많다는 뜻이겠지요. 부디 『서른 권의 열쇠』가 계기가 되어 새로운 장정으로 이 책을 다시 만날 날이 오길 기대해 봅니다.

# 번영을 팔아먹는 사람들

### 폴 크루그먼 | 폴 크루그먼의 경제학의 향연

다소 생소하지만 똑같이 중요한 또 하나의 주제가 있다. 즉 '경제학자(economist)'에는 두 유형이 있다는 것이다. 그들은 각각 교수(professor)와 정책 기획가(policy entrepreneur)라고 불린다. 불행하게도 정치가들은 거의 언제나 정책 기획가 쪽을 선호한다.

- 20쪽에서

이 책은 2008년 노벨 경제학상 수상자인 폴 크루그먼이 1994년에 펴낸 책입니다. 그는 지금까지도 책과 기고문을 통해 각종 경제 현안에 대해 적극적으로 의견을 개진하고 있죠. 그중에서도 가장 유명세를 탄 저작이 바로 이 책입니다. 경제학의 핵심 개념에 대한 명쾌한 서술도 유명세의 이유겠지만, 책의 진가는 다른 데서 더 선명하게 드러납니다. 저자는 단순히 경제학 이론을 소개하는 데 그치지 않고, 한 발짝 더 나아가 경제사상이 현실 정치로 옮겨질 때 발생하는 일종의 '뒤틀어짐'을 1970~1980년대 미국의 사례를 통해 생생히 보여줍니다.

앞서 본 『시장경제의 미래』도 원제와 한국어판 제목이 달랐는데, 이 책도 마찬가지입니다. 국내에서는 '폴 크루그먼의 경제학의 향연'이라는 제목으로 출간되었지만, 원제는 '번영을 팔아먹는 사람들: 기대 체감의 시대에 출현하는 경제사상 중 경제학적 관점에서 말이 되는 것과 터무니없는 것(Peddling Prosperity: Economic Sense and Nonsense in the Age of Diminished Expectations)'입니다. 제가 달아놓은 번역 문구의 의미를 조금 더 풀어보면, 2차 세계대전 이후

1972년까지의 마법의 경제(magic economy)*가 끝나고 더 이상 과거와 같은 경제성장을 기대할 수 없는 시대(기대 체감의 시대)가 되었음에도, 여전히 엄청난 경제성장이 가능한 것처럼 보이게 하는(번영을 팔아먹는) 그러나 실제로는 경제학적으로 전혀 타당하지 않은 대중적 환상을 불러 일으키는 경제사상 정도로 이해해 보면 어떨까 합니다.

그렇다면 누가 이렇게 번영을 파는 걸까요? 저자는 그 당사자로 이른바 정책 기획가라는 새로운 직군을 제시합니다. 정책 기획가란 정치가들에게 그들이 듣고 싶어 하는 바를 말해주는 경제학자들을 가리킵니다. 이들은 경제학 박사 학위와 경제학 교수 직함을 가지고는 있지만 다른 경제학 교수와는 확연히 구분되는 모습을 보인다고 저자는 묘사합니다.

단적인 예로, 연구 논문을 쓰는 데 주로 시간을 보내는 경제학 교수들에게 미국 경제에서 마법이 사라진 이유와 그 마법을 되돌릴 해결책에 대하여 질문하면 '잘 모르겠다. 그러한 해결책은 없다'는 대답이 돌아오는데 비해, 대중을 상대로 글을 쓰는 데 대부분의 시간을 보내는 정책 기

---

* 미국 경제가 경이적인 성장세를 보인 시기로 표준 노동자의 실질 수입과 표준 가계의 실질 소득이 모두 두 배로 증가한 시기를 말합니다.

획가들은 마법이 사라진 이유를 잘 알고 있으며 그 회생의 비법도 이미 준비해 두었다고 망설임 없이 주장한다는 것입니다. 반드시 옳지는 않더라도 당장에 유권자들에게 그럴 듯한 해답을 제시해야만 하는 정치인들에게 어느 쪽이 더 매력적일지는 굳이 부연할 필요가 없겠죠.

정치가의 입장에서 보자면, 이러한 기획가들이 절대적으로 유용하다. 그들은 교수들보다 월등하게 이익 문제에 대한 유권자들의 인식을 바꿔 놓을 수 있는 비전을 원천적으로 제시한다. 무엇보다도 그들은 경제 난국의 시기에 마법 회생의 비법을 알고 있다고 서슴없이 주장한다. 그리고 교수들이 교수직의 긍지나 동료 간의 의견 불일치 문제에 걸려 망설이는 데 비해 정책 기획가들이 그런 문제에 얽매일 필요가 없음은 물론이다.

-28쪽에서

저자는 1980년대 레이건 정부의 경제정책을 주도한 공급 중시론자들(supply-siders)과 1990년대 클린턴 정부에서 활약한 전략적 무역론자들(strategic traders)의 사례를 통해, 보수주의와 자유주의의 이데올로기를 가리지 않고 정책 기획가들이 만들어낸 터무니없는 경제사상이 실제 경제정책으로 이어지는 과정을 치밀하게 보여줍니다. 경제정책을 둘러싼 보수주의와 자유주의 진영 사이의 논쟁과 갈등은 비단 1980년대 미국에서만 일어난 문제는 아니기에 오늘을 사는 우리에게도 저자의 분석은 예사롭지 않게 다가옵니다. 그러면서도 동시에 저자는 자신이 대학에서 경제학을 가르치는 교수라는 직분을 잊지 않습니다. 이 책 곳곳에서 경제성장, 소득분배, 통화, 고용, 예산 적자, 무역 등 경제학의 기본 개념에 대한 저자의 친절한 설명을 만날 수 있으니까요. 역자들이 이 책의 한국어판 제목을 '폴 크루그먼의 경제학의 향연'으로 지은 배경도 아마 여기에 있지 않나 싶습니다.

생각의 범위를 조금만 더 넓히면, 비단 경제학 분야에만 정책 기획가들이 존재하지는 않을 것입니다. 어느 분야든 그러한 역할을 하는 사람들은 있게 마련이고, 어떤 면에서 이는 사회적으로 정책 기획가 역할에 대한 수요가 많다는 사실을 의미하기도 합니다. 제가 이 책을 통해 여러분과 함께 고민해 보고자 한 것은, 우리 각자의 머릿속에 형성되어 있는 사상 체계 중 꽤 많은 부분이 사실은 정책 기획가들에 의해 만들어진 설익은 프레임에 기초한 것은 아닐까,

이를 성찰해 보자는 것입니다. 우리 스스로는 확신에 차 있지만, 실제로는 그렇게 확신할 만한 사상이 아닐 가능성이 꽤 높을 수 있다는 것이죠.

저자는 그 유명한 경제학자 케인스의 문구를 인용하면서 이 책을 시작합니다. 음악으로 치면 결국 이 책은 이 문구의 변주곡으로 볼 수 있을 겁니다. 위대한 경제학자의 통찰과 사명감이 동시에 느껴지는 그 글귀를 아래 옮기며 책 소개를 마치겠습니다.

경제학자와 정치철학자들의 사상은, 옳건 그르건 간에, 일반적으로 생각되는 것보다 훨씬 강력하다. 사실상 세계를 지배하는 것은 그 외에 별로 없다. 여하한 지적 영향력과도 무관하다고 확신하는 실무가들도 대개는 오래전에 고인이 된 경제학자의 노예인 것이다. 허공에서 목소리를 듣는다는 권좌의 광인들도 수삼 년 전에 읽은 웬 학구적인 잡문에서 빼내고 있을 뿐이다. (…) 빠르든 늦든 선이든 악이든, 위험한 것은 기득권이 아니고 바로 사상이다.

- 존 메이너드 케인스, 「고용, 이자 및 화폐에 관한 일반이론」

# 과학고의 교육 시스템은 훌륭하다?

### 류근관 | 통계학

이 책은 상식이 수식을 앞선다. 그런 점에서 책과 현실의 거리가 줄었다.

— '책을 내며'에서

우리는 일상을 살아가면서 매일같이 수많은 통계를 접하게 됩니다. 경제 분야는 말할 것도 없고, 어느 분야에서 어떠한 업무를 하든 통계를 피하기란 굉장히 어려운 일입니다. 그래서 이 책의 저자는 통계학은 하나의 언어라고까지 말하고 있습니다. 통계학을 모르면 아주 괴롭고 속고 살기 십상이라는 것이죠.

문제는 '통계' 하면 가장 먼저 떠오르는 것이 엄청난 양의 수식과 숫자로 가득한 난해함이라는 데 있습니다. 그것을 다 이해하려고 애를 쓰느니 차라리 모르는 게 속 편하다는 생각이 드는 게 인지상정이지요. 아마도 이러한 사정은 대학에서 계량경제학을 연구하고 가르치는 저자가 누구보다 가장 잘 알지 않았을까 싶습니다. 그렇게 해서 이 책이 세상에 나오게 되었습니다.

제가 류근관 선생님을 처음 뵌 것은 2004년 첫 학기에 개설된 '경제통계' 강의에서입니다. 당시에도 교수님은 명강의로 유명했는데, 통계의 수식과 숫자보다는 그 이면에 담긴 통계적 의미와 해석을 강조하는 강의 철학 때문이었습니다. 이후 제가 교수님의 '계량경제학연구 강의'에서 내생성(endogeniety)이라는 통계학적 개념을 처음 접했을 때 느꼈던 지적 흥분은 아직도 뇌리 속에 생생합니다. 지금 돌이켜보아도 그 순간은 제 생각의 지평이 한 차원 더 올라선 결정적인 계기라 할 만합니다. 그 덕에 숱하게 저지를 뻔한 생각의 오류에서 벗어날 수 있었으니까요.

예를 한 번 들어볼까요? 과학고를 졸업하는 학생들 중 상당수가 명문 대학에 진학한다 하는 통계치가 있다고 합시다. 누군가 이에 근거해서 과학고는 다른 고등학교에 비해 월등히 우수한 교육 시스템을 갖추고 있다고 주장한다면, 여러분은 어떠한 생각이 들까요? 처음 이 문제를 접했을 때 저는 선뜻 이렇다 할 반론을 생각해 내지 못했습니다. 직관적으로는 과학고의 교육 시스템이 훌륭해서라고 볼 수 있는 건가 하고 의심하면서도 명확히 그 의심을 짚어낼 만한 개념적 단초를 알지 못했던 것입니다.

단적으로, 과학고는 별도의 입시를 통해 애초에 우수한 학생들을 선발하였기 때문에 그러한 결과가 나온 것이라는 반론을 제기해 볼 수 있을 것입니다. 과학고의 교육 시스템 말고 졸업생들의 대학 진학과 연계되어 있는 다른 중요한 설명 변수가 존재한다는 것입니다. 달리 이야기해 보면, 과학고를 다닌다는 사실 안에는 과학고에 입학할 정도로 원래 우수한 학생이라는 사실이 겹쳐져 있다는 것이죠. 이러한 경우를 통계학에서는 내생성이 있다고 말합니다. 그런데 실상은 전 세계 곳곳에서 너무도 많은 교육기관이 이와 비슷한 홍보를 하고 있습니다.

그렇다면 과학고가 다른 고등학교에 비해 월등히 우수한 교육 시스템을 가지고 있다는 주장을 합리적으로 뒷받침하기 위해서는 어떠한 작업이 필요할까. 가능하다면 중학교 졸업생을 대상으로 무작위로 표본 추출하여 A집단은 과학고에 B집단은 다른 고등학교에 입학하도록 한 후 교육을 받도록 하는 것이 아마도 가장 좋은 방법이 될 것입니다. 이렇게 했는데도 A집단의 성과가 월등히 우수하다면 위와 같은 주장이 타당하다고 볼 수 있겠죠.

문제는 자연과학이 아닌 사회과학의 영역에서는 이러한 인위적인 실험이 불가능하다는 점입니다. 제가 통계학에 매료된 이유는 여기에서부터입니다. 통계학적 모델을 잘 구현하면, 인위적인 실험 설계를 하지 않더라도, 마치 그러한 실험을 한 것과 같은 통제 효과(control effect)를 거둘 수 있다는 사실을 알게 되고 나서죠. 여러 경로로 얽힌 수많은 변수 사이의 관계를 인위적인 실험을 하지 않고도 하나하나 풀어서 살펴볼 수 있다니, 그 순간 통계학은 저에게 일종의 마법처럼 신비롭게 느껴졌습니다.

사실 앞서 보았던 『시장경제의 미래』에 들어 있는 저자들의 날카로운 분석도 이러한 통계적 모델에 기반한 수많은 실증 연구에 그 뿌리를 두고 있습니다. 그리고 이것이 사회 속 현상을 다루는 경제학, 경영학 분야의 논문에서 거의 예외 없이 복잡한 수식과 표가 등장하는 이유이기도 합니다.

저자는 이 책에서 내생성이라는 개념 자체를 직접적으로 언급하지는 않지만, 상관관계로 나타난 모든 관계가 곧 인과관계를 의미하지는 않는다는 점을 다양한 예시를 통해 설명합니다. 학생의 어휘력과 발 크기는 강한 상관관계를 보이지만, 이것이 인과관계는 아니라는 설명도 그중 하나입니다. 나이가 먹을수록 어휘력도 늘고 발도 커지는 것뿐이라는 것이죠. 상관관계와 인과관계의 구분을 통해 내생성이라는 개념을 자연스레 소개하는 셈입니다.

제가 선생님을 강의실에서 뵌 지도 어느덧 20년 가까운 시간이 흘렀습니다. 교과서 안의 통계적 모델과 산식 들은 이미 잊은 지 오래지만 그래도 '이 책을 읽은 지금의 나'와 '이 책을 읽지 않은 가상의 나'는 분명히 다르리라 확신합니다. 이것이 우리가 먼 훗날 책의 내용을 까마득히 잊을

걸 잘 알면서도 지금 책을 읽는 이유일 것입니다.

그렇습니다. 우리는 책을 통해 우리가 생각하는 법을 바꾸어 갑니다.

# 경영

어떻게 결정할 것인가

VIII

# 결국, 선택과 집중

## 장세진 | 글로벌경쟁시대의 경영전략

만일 전략이 단순히 최고경영자의 직관이나 오랜 세월을 통해 축적된 경험에 의하여만 이루어질 수 있다면, 우리는 뛰어난 직관력을 소유한 경영자가 우리 기업을 위해 전략을 수립해 줄 때까지 기다리거나 나이가 듦에 따라 더 많은 경험이 축적되기만을 기다리는 수밖에 없다.

— 5쪽에서

경영학을 전공한 사람이라면 누구나 비슷한 경험을 해 보았을 텐데, 처음 접하는 전공 교과서인 '경영학 원론'의 내용이 저자에 따라 천차만별이란 걸 깨닫고 적잖이 당황하는 순간을 맞게 된다는 것입니다. '경영'이라는 광범위한 행위를 학문의 대상으로 삼다 보니 수리과학, 경제학, 심리학 등 다양한 방법론에 기초할 수밖에 없고, 기업, 정부, 비영리단체 등 각각의 조직이 갖는 성격이나 국가별 경영 환경도 각양각색이라, 어디까지 경영학 '원론'으로 보아야 할지 특정하기조차 쉽지가 않기 때문이지요. 이렇다 보니 처음 경영학 공부를 시작하는 입장에서는 방향타를 잡는 데 상당히 애를 먹을 수밖에 없습니다.

시간이 조금 흐른 뒤에야, 저는 경영학은 각 기능별로 여러 세부 분야(경영전략, 인사관리, 마케팅관리, 생산관리, 경영정보관리, 재무관리, 회계학 등)로 나뉘어 있고, 각 분야별로 관심을 쏟는 연구 주제와 과제가 따로 있다는 걸 알게 되었습니다. 가령 회계학 분야를 예로 들면, 원론 격인 회계원리에서 출발하여 재무회계, 원가관리회계, 세무회계, 국가회계 등의 개별 분야가 있고, 이에 기반하여 거버넌스와 공시, 기업가치 및 재무제표 분석, 성과 평가와 보상 등의 세부 주제들이 연구됩니다. 또한 회계학은 역사적으로 상당히 오랜 기간 발전된 복식부기(Double-Entry Bookkeeping) 시스템과 전 세계에서 공통적으로 적용되는 국제 회계 기준(International Financial Reporting Standards)이라는 일종의 회계 규정 체계를 이해하는 데 상당한 시간과 노력을 요구하는 분야이기도 합니다.

이렇듯 경영학의 세부 분야 별로 연구 주제와 방법론이 상이하기 때문에, 경영학도라면 어느 시점부터는 그중 어느 분야에 조금 더 특화해서 공부를 하고 실무 경험을 쌓을지 결정해야 하는 게 일반적입니다. 그럼에도 어느 분야로 나서든지 간에 경영학이라는 숲을 잊지 않고, 경영 전반을 두루 조망해 보는 훈련을 계속 이어가는 건 매우 중요합니다. 특화된 분야의 전문가가 되지 않는 이상, 실제 현실에서 맞부딪치는 '경영 현상'은 여러 복합적 기능이 얽히고 맞물려 돌아가는 종합예술의 형태로 우리에게 다가올 수밖에 없기 때문입니다.

이를 위해 할 수 있는 가장 효과적인 준비가 무엇일까, 이 고민에 대한 저의 답이 바로 이 책을 읽어두는 것이었습니다. 저자가 설명하는 대로, '경영전략'이라는 분야 자체가 각 기능별로 세분화된 경영학 분야의 조합을 모색하는 과정에서 등장한 장기 전략계획 개념에 뿌리를 두고 있기도 하고, 제 경험에 비추어 보아도 이 책은 그러한 경영전략의 얼개와 사례를 체계적으로 아주 잘 설명하고 있기 때문입니다.

우리는 일상을 살아가면서 '전략'이라는 단어를 수도 없이 말하고 듣습니다. 그런데 이 단어는 정확히 무엇을 뜻할까요? 여러 설명이 가능하겠지만, 이 책의 저자는 희소한 경영 자원을 배분하여 기업이 경쟁 우위를 창출하고 유지하게 하는 주요한 의사결정을 경영전략으로 정의합니다. 즉 경영전략이란 경쟁 상황에서 희소한 자원으로 경쟁 우위를 가져오기 위해서 무엇을 선택하고 무엇을 포기해야 하는가, 더 축약해 보면 한 마디로 '선택과 포기'의 문제로 볼 수 있다는 것입니다.

이와 같이 '희소한 경영자원을 배분하여 경쟁우위를 창출·유지시키는 전략적 의사결정'은 많은 경우 '선택'과 '포기'를 내포하고 있다. 왜냐하면, 전략이란 본질적으로 희소한 자원을 배분하는 결정이고 일단 한 방향으로 '선택'을 하게 되면 많은 경영자원의 몰입(commitment)이 필요하고 따라서 다른 방향은 '포기'할 수밖에 없다. 이러한 '선택'과 '포기'의 결과 다시 원래 위치로 되돌아 갈 수 없기 때문 (irreversible)이다. 시저는 루비콘 강을 건너 로마로 진입할 때 "이미 주사위는 던져졌다"고 말했다. 이는 그만큼 하나의 선택 뒤에 많은 것을 포기함을 의미한다.

-7쪽에서

그런데 이러한 선택과 집중은 비단 기업 경영에서만 중요한 건 아닙니다. 개인, 집단, 조직, 국가 등 의사결정을 하는 모든 차원에서 끊임없이 선택과 집중을 해야 하고, 그에 따른 결과물을 받아들여야 하니까요. 흔히들 인생은 선택의 연속이라는 말을 자주 하는데, 그러고 보면 우리 인생 자체가 곧 전략의 연속이 되는 셈입니다. 아침에 일어나서 지금까지, 저도 여러분도 부지불식간에 이미 엄청난 양의 선택을 했을 겁니다. 단적으로 이 글을 쓰고 있는 저나 이 글을 읽고 있는 여러분이나 무수히 많은 다른 대안을 포기하고 여기에 각자의 자원을 몰입하고 있는 것이죠.

물론 이 책을 읽는다고 일거에 선택과 포기의 비법을 깨닫게 되는 건 아닙니다. 우리가 기댈 수 있는 전략적 사고의 틀을 배울 수 있는 소중한 기회임은 분명하지만, 그 비법이 우리 안에 체화되려면 실제로 고민, 고민하고 선택과 포기를 해보는 경험이 숱하게 뒤따라야 할 겁니다. 여기서 여러분에게 강조하고 싶은 건 '고민, 고민하고'의 순간을 건너뛰지 말자는 것입니다. 돌아보면 20대의 저는 때로는 직관이라는 이름으로, 때로는 감이라는 미명 하에 그 '고민, 고민하고'를 생략한 경우가 많았습니다. 간혹 누군가의 조언에 저의 선택을 그대로 맡기기도 하면서 말이죠. 바로 그 순간이 우리가 가장 능동적으로 삶을 헤쳐 나가는 순간이라는 걸 당시에는 미처 깨닫지 못했던 것입니다.

이제는 '고민, 고민하고'의 순간을 놓치는 것이 오히려 더 아쉽다는 생각을 합니다. 여러분은 지금부터 즐거운 마음으로 고민의 순간을 맞이해 보면 어떨까요? 항상 선택을 잘할 수는 없겠지만, 점차 잘하게 될 것이기에, 오랜 시간이 지난 후엔 분명 고민을 미룬 것보다 비교할 수 없을 정도로 남는 장사가 되리라 확신합니다.

## 나아갈 곳은 경쟁이 아니라 독점이다!

피터 틸 · 블레이크 매스터스 | 제로 투 원

이 책에서는 불법적인 악덕 기업이나 정부의 비호를 받는 기업에는 관심을 갖지 않는다. 이 책에서 '독점'이라고 할 때는 자기 분야에서 너무 뛰어나기 때문에 다른 회사들은 감히 그 비슷한 제품조차 내놓지 못하는 회사를 가리킨다. 구글은 0에서 1을 이룬 대표적인 회사다.

- 37쪽에서

『제로 투 원』은 전자결제 시스템 회사 페이팔의 공동 창업자인 피터 틸이 스탠퍼드 대학교에서 진행했던 'CS183: 스타트업' 강의를 글로 옮긴 것입니다. 당시 수강생이었던 블레이크 매스터스가 꼼꼼히 정리한 강의 노트가 큰 호응을 얻었고, 책으로 출판까지 하게 된 것이죠. 저자가 전하는 메시지는 제목에서부터 명확히 드러납니다.

0이 아니라 1이 되라.

이미 세상에 존재하는 재화나 서비스를 하나 더 만들어 내는 회사는 0, 기존에는 존재하지 않던 완전히 새로운 종류의 결과물을 창조해 내는 회사는 1입니다. 저자는 "모든 기업은 남들이 할 수 없는 것을 해내는 만큼, 딱 그만큼만 성공할 수 있고, 독점은 모든 성공적 기업의 현 상태"(49쪽)라고 말합니다.

하지만 이러한 저자의 생각 자체가 1인 것은 아닙니다. 『제로 투 원』의 메시지가 기존의 경제학 이론과 배치되거나 새로운 주장을 내놓은 건 아니기 때문입니다. 조금 더 들어가 보면, 경제학에는 어느 한 시점을 기준으로 그 상태를 분석하는 정태적 분석(static analysis)과 시간의 흐름에 따른 변동을 분석하는 동태적 분석(dynamic analysis)이 있습니다. 그런데 독점기업이 정태적으로는, 그러니까 어느 한 시점에서는 자원 배분의 비효율성 등을 유발할 수 있지만, 새로운 기술 혁신을 일으키는 독점기업이라면 동태적으로는, 다시 말해 시간의 흐름까지 고려해 본다면 이러한 독점을 허용하는 것이 오히려 사회적 편익을 크게 증가시킬 수 있다는 설명은 어느 경제학 교과서에서나 쉽게 찾아볼 수 있습니다. 지식재산권을 일정 기간 동안 배타적으로 인정해 주는 것도 같은 맥락에서 이해해 볼 수 있지요. 이 책의 저자 역시 이를 잘 알고 있었습니다. 그러하기에 모든 형태의 독점기업을 옹호하지 않고, 유독 기술 혁신을 통한 이른바 창조적 독점을 만들어 낸 기업에 대하여만 '1'이라는 영예를 부여하고 있는 것입니다.

정작 저자가 『제로 투 원』을 통해 깨고 싶었던 건 경쟁이 최선의 사업 형태로 간주되는 사회적 통념이 아니었을까 싶습니다. 저자의 눈에는 경쟁과 자본주의가 상극으로 보이는데, 이와 반대로 자본주의에서 경쟁은 꼭 필요하고 좋은 것이라는 인식이 만연한 현실을 타개해 보려 했던 것이죠.

경쟁이란, 아무도 이윤을 얻지 못하고 의미 있게 차별화되는 부분도 없이 생존을 위해 싸우는 것이다. 그렇다면 왜 사람들은 경쟁이 건강하다고 믿는 걸까?

그것은 경쟁이 단순히 경제학적 개념이나 개인 또는 기업이 시장에서 겪어내야 하는 불편함이 아니라 하나의 강박관념, 즉 이데올로기이기 때문이다. 우리 사회 구석구석에 침투해 있는 이 이데올로기가 우리의 사고를 왜곡하고 있다. 우리는 경쟁을 설파하고, 경쟁은 필요한 것이라고 뼛속 깊이 새기며, 경쟁이 요구하는 것들을 실천한다. 그리고 그 결과로 경쟁 속에 갇힌다. 경쟁을 더 많이 할수록 우리가 얻는 것은 오히려 줄어든다.

- 50~51쪽에서

여기서 한 걸음 더 나아가야 할 지점은 우리는 왜 경쟁을 하나의 이데올로기로 뼛속 깊이 새기고 있는가 하는 질문입니다. 우리 스스로 초래한 왜곡이자 강박관념인지, 아니면 그것을 만들어 내는 다른 요인이 있는지, 그러한 요인이 있다면 경쟁 이데올로기를 확대 재생산하는 이유는 무엇인지 질문하는 것입니다. 해답을 꼭 찾아내야만 하는 건 아닙니다. 이러한 질문을 던지는 것만으로도 경쟁에 대한 우리의 이데올로기는 대전환을 겪게 되니까요. 0에서 1로 가는 여정이 본격적으로 시작되는 것입니다.

『제로 투 원』이 갖는 또 다른 장점은 경제학 교과서에서는 찾을 수 없는 '0에서 1로 향하는 구체적인 이정표들'이 곳곳에서 생동감 있게 펼쳐진다는 점입니다. 책을 읽다 보면 실제로 그 길을 가본 사람만이 알 수 있는 경험과 통찰을 고스란히 전해 받는 듯한 기분을 느낄 수 있습니다.

세계와 기업의 과거, 현재, 미래를 조망하는 저자의 독창적인 안목도 빼놓을 수 없는 이 책의 매력입니다. 피터 틸이 바라보는 기업과 인류 역사의 수직적 진보의 핵심 원동력은 기술(technology)입니다. 우리는 흔히 '기술' 하면 IT 업계를 떠올리지만, 저자의 관점에서는 새롭고 더 나은 방식으로 무언가를 가능하게 해준다면 모든 것이 기술이 됩니다. 경쟁에서 벗어나 1이 되기 위해서는 자신만의 기술이 있어야 한다는 메시지를 우리에게 전하는 셈입니다. 그렇다면 그 기술은 어디에서부터 시작할까요? 이 질문에 대한 저의 대답은 확실합니다.

바로 '고민, 고민하고'의 순간.

가장 능동적으로 삶을 헤쳐 나가는 그 '고민, 고민하고'의 순간에 바로 우리만의 고유한 기술이 태동한다는 믿음입니다. 그러니 제가 할 일은 '고민, 고민하고'의 순간을 쉼 없이 만들어 내는 것입니다. 끊임없이 읽고, 끊임없이 듣는 것이 출발입니다. 하지만 거기서 멈추어서는 안 됩니다. 의문을 품고, 끊임없이 질문하고, 종국에는 끊임없이 고민, 고민해서 저만의 기술을 조금씩 쌓아가야 하는 것이죠.

이 책은 벤처캐피털에서 투자운용역으로 일하다가 지금은 스타트업 기업에서 전략 담당 임원(CSO)을 맡고 있는 후배를 통해서 알게 되었습니다. 우연히 책 이야기를 하다가 자신의 '인생 책'이라고 알려주었죠. 그 뒤에도 저는 추천 도서 1순위로 주저 없이 『제로 투 원』을 꼽는 지인들을 자주 만났습니다. 그만큼 이 책이 전하는 메시지가 간명하면서도 설득력 있다는 방증일 겁니다.

『제로 투 원』을 읽다 보면 떠오르는 인물이 하나 있습니다. 바로 『스킨 인 더 게임』의 저자 나심 탈레브입니다. 교과서 속의 이론이 아니라 경험과 시행착오에서 우러나오는 살아있는 배움을 강조하는 그가 분명 이 책을 좋아하지 않을까 하는 짐작이 자연스레 듭니다. 아니나 다를까. 이 책의 추천사 맨 앞자리에서 그의 이름을 찾아볼 수 있습니다. 그가 이 책에 보내는 찬사를 아래 옮겨와 봤습니다.

위험을 감수할 줄 아는 인물이 쓴 책은 반드시 읽어볼 필요가 있다. 피터 틸이 쓴 책이라면 두 번, 아니 세 번도 읽어볼 만하다. 고전이 될 책이다.

# 감으로 때우려 하지 말고

최종학 | 서울대 최종학 교수의 숫자로 경영하라

추상적인 구호나 미사여구가 아니라 구체적인 제도를 통해 인간의 행동을 변화시켜야 하는 것이다. 제일 중요한 것은 전략을 만들고, 그 전략을 자연스럽게 일상 활동에서 실천할 수 있는 KPI를 개발하는 것이다.

- 229쪽에서

앞서 『글로벌경쟁시대의 경영전략』을 소개하면서 회계학 분야에 관한 이야기를 잠시 했는데, 여러분에게는 여전히 낯선 분야가 아닐까 싶습니다. 저만 해도 대학에 들어가기 전까지는 회계에 관해 들어볼 기회가 거의 없었습니다. 그런데 막상 대형서점에 가보면 그 어느 분야보다도 많은 책들로 가득 차 있는 곳이 회계 코너입니다. 재경 업무 담당자들을 위한 실무 안내서부터 주식, 펀드 투자자를 위한 재무제표 분석에 관한 서적, 그리고 각종 세금 신고 및 절세 관련 책에 이르기까지 종류도 매우 다양하지요.

회계는 기업이나 조직의 의미 있는 활동을 일정한 기준에 따라 하나하나 기록하는 행위에서 출발합니다. 기업이나 조직이 무엇인가를 하는 순간 회계가 필요해질 수밖에 없는 것이죠. 그래서 흔히들 '회계' 하면 '기록'을 떠올리고, 더 구체적으로는 회계 분야의 독특한 기록 방식인 복식부기를 떠올리는 경우가 많습니다. 실제로 회계를 처음 배울 때 복식부기 원리를 익히는 것은 매우 중요해서, 제가 학부에서 재무회계 강의를 수강할 때도, 대학원에서 세법개론 강의를 수강할 때도 선생님들께서 강의 서두에 항상 복식부기 원리부터 누누이 강조하셨던 기억이 납니다.

회계법인이야 말할 것도 없고, 로펌에서도 업무를 하다 보면 회계 관련 자료를 검토할 일이 자주 생깁니다. 그래서인지 동료 변호사들로부터 회계 공부를 하려면 어떠한 책을 보는 게 좋겠느냐는 질문을 받을 때가 종종 있습니다. 그때마다 제가 하는 대답은 한결 같습니다. 비록 처음에는 어렵게 느껴지고 시간이 더 들더라도 회계원리 교과서를 한 번 정독해 보라는 것입니다. 일주일이면, 심지어는 하루 만에 회계 전문가로 만들어주겠다는 책들도 시중에 많이 있지만 실제로 그 책을 사는 독자들조차 제목 그대로 이루어지리라 기대하지는 않을 것입니다.

회계원리 교과서에는 복식부기 원리가 상세히 소개되어 있을 뿐 아니라, 재무상태표, 손익계산서, 자본변동표, 현금흐름표 등으로 이루어지는 재무제표의 구성에 터 잡아, 기업 회계 기준의 핵심을 이루는 회계원칙 및 주요 계정과목들이 체계적으로 설명되어 있습니다. 그러니 여러분도 회계를 알고 싶다면, 달리 둘러볼 필요 없이, 시간이 조금 더 걸리더라도 회계원리 교과서를 찬찬히 읽어보는 게 어떨까 합니다.

'기록'으로서의 회계도 물론 중요하지만, 여기서 그친

다면 우리는 회계의 진면목을 놓치게 됩니다. 기록 그 자체가 목적이 될 수는 없기 때문입니다. 회계 정보를 기록한다는 것은 이를 통해 다른 무엇인가를 하기 위해서입니다. 무엇을 하기 위함일까요?

먼저 회사의 경영자라면 재무 상태 및 경영 성과를 분석하여 새로운 경영전략을 수립하거나 기존의 경영전략을 재조정할 수 있을 것입니다. 제조회사라면 제품의 원가 정보를 가격 결정에 활용(Decision-Facilitating Role)할 수도 있고, 임직원들의 핵심 성과 평가 지표(Key Performance Indicator, KPI)가 어느 정도 달성되었는지 확인해서 보상금 지급의 근거로 이용할 수도 있을 것입니다. 임직원들이 어떤 행동을 하도록 유도하거나 장려하기 위해 성과 평가 지표 자체를 재설계(Decision-Influencing Role)하는 것도 고려해 볼 수 있습니다. 가령, 영업 직원의 고객 사후 관리를 강화하기 위해 기존 KPI에서 매출이 차지하는 비중을 줄이는 대신, 고객 서비스 만족도 비중을 늘리는 방안을 생각해 볼 수 있는 것입니다.

회사 밖에서도 그 사례는 무궁무진합니다. 대표적으로 증권사 애널리스트가 하는 일은 회사에 대한 이익 예측치(Earnings Forecast)와 실제 재무제표에 공시된 실적치(Earnings Announcement)를 비교하여 회사의 객관적인 기업가치를 어느 정도로 보아야 할지 분석하는 작업(Valuation)입니다. 회사의 기업가치가 주가보다 높으면 매수 의견을 그 반대면 매도 의견을 내게 되는 것이지요.

최근 국내에 발표된 각종 연구결과를 읽어보면, 국내 애널리스트들이 발표한 이익 예측치는 상당히 정확한 수준이었다.

다만 해당 기업이 이익을 부풀리거나 줄이는 것까지 미리 파악해 미래 이익을 예측하는 능력은 아직 부족한 감이 있다. 필자는 애널리스트가 회계사 못지않은 회계지식을 보유해야 한다고 생각한다. 회계 수치에 숨어 있는 행간의 의미까지도 꿰뚫어볼 수 있어야 진정한 애널리스트라는 것이다.

- 256쪽에서

시야를 조금 더 넓혀 볼까요. 회계기준을 관할하는 기관에서는 현재 적용되는 회계기준이 기업의 실질을 제대로 반영하고 있는지 검토하고, 새로운 회계기준을 도입할 필요성이 있는지 주기적으로 논의합니다. 금융위원회나 금융감독원 같은 규제 당국에서는 회사가 공시하는 회계

정보에 허위나 오류는 없는지 점검하고 잘못이 있는 경우 그에 상응하는 후속 조치를 취하게 되지요. 최근 회계기준과 관련하여 가장 큰 화두는 단연 가상자산입니다. 새롭게 출현한 이 상품을 두고 어떻게 기록해야 할지 전 세계 회계 전문가들이 머리를 맞대고 고민에 고민을 거듭하고 있습니다. 이렇듯 수많은 이해 관계자들이 회계 정보를 분석하여 그에 따른 의사결정을 내리고, 회계 정보 생산 및 공시의 적합성 제고를 위해 분주히 노력하고 있는 것이죠.

제목에서부터 단도직입적으로 알 수 있듯이 저자는 추측이나 감이 아니라 객관적인 숫자에 근거한 과학적 경영을 강조합니다. 이 책은 회계학 분야에서는 여러 의미에서 중요한 이정표를 세운 저작으로 평가받는데, 그 이유 중 하나가 저자가 자신의 주장을 뒷받침해 주는 사례들을 우리 주변에서 직접 탐색하고 개발하여 이 책에 담고 있다는 점입니다. 이러한 저자의 노력 덕분에 우리는 다소 철 지난 외국 기업의 사례들이 아닌 바로 한국 기업의 최신 사례들로 회계를 이해해 볼 수 있습니다. 저자의 설명이 유독 친숙하게 다가오는 이유이기도 합니다.

그럼에도 회계학을 처음 접하는 사람이라면 이 책의 내용이 어렵게 느껴질 수밖에 없을 것입니다. 이 책은 당장에 회사에서 중요한 의사결정을 해야 하는 CEO(Chief Executive Officer)나 CFO(Chief Financial Officer)를 주 독자층으로 삼고 있기 때문입니다. 이럴 때는 '첫술에 배부르랴'라는 선인들의 지혜를 떠올리고 느긋이 마음먹는 것도 한 방법입니다. 방향이 정해져 있다면 속도는 그리 중요하지 않습니다. 꾸준히 나아가면 되니까요.

시간은 그리 문제되지 않을 것입니다. 새삼스럽지만 다시 환기해 보면, 시간은 여러분의 편이니까요.

# 헌법

**국가는 왜 존재하는가**

IX

# 대한민국 국민의 기본권 보장을 위하여

## 대한민국헌법

제40조 입법권은 국회에 속한다.

제66조 제4항 행정권은 대통령을 수반으로 하는 정부에 속한다.

제101조 제1항 사법권은 법관으로 구성된 법원에 속한다.

'서른 권의 열쇠' 중 유일하게 책이 아닌 열쇠입니다. 「대한민국헌법」은 우리 헌법의 정식 명칭으로, 헌법이란 한 국가의 법질서 중에서도 가장 강한 효력을 가지는 법을 말합니다. 그러니까 「대한민국헌법」은 우리나라에서 가장 강한 효력을 가지는 법이라 할 수 있습니다. 하지만 이러한 연유로 제가 여러분께 헌법을 소개해 드리려는 건 아닙니다. 대한민국의 국민으로 일생을 사는 사람이라면 누구나 꼭 한 번쯤은 헌법을 읽어보아야 하지 않을까 하는 마음에 이 글을 쓰게 된 것이죠.

사실 저도 법학을 전공으로 공부하기 전까지는 헌법을 읽어보지 않았음은 물론이거니와 다른 법들을 찾아볼 일도 거의 없었습니다. 너무나 당연한 일이기도 한데, 직업상 법을 다루는 사람이 아닌 다음에야 일상에서 법을 찾아볼 일이 흔치 않고, 설령 그러한 일이 있더라도 전문가의 조력을 구하는 게 훨씬 더 효과적이기 때문입니다. 하지만 헌법에는 여타의 법률에서는 찾아볼 수 없는 헌법만의 고유한 의의와 기능이 있습니다. 그리고 그 의의와 기능은 철두철미하게 대한민국의 주권자인 국민을 향하지요. 이것이

제가 여러분께 「대한민국헌법」을 소개하는 이유입니다.

도대체 헌법은 무엇일까요?* 세 갈래 정도로 나누어 이야기해 보겠습니다. 헌법은 헌법 제정권자인 국민이 사회 공동체의 정치적 생활 방식에 대해서 내린 정치적 결단이자, 사회 통합을 위한 공감대적인 가치 질서이면서, 국가의 조직과 작용에 관한 근본규범이기도 합니다. 하나하나 그 의미를 파악하기가 쉽지는 않지만, 가만히 들여다보면 그 의미는 실로 장대하는 것을 알 수 있습니다.

첫째, 헌법을 만들어 낼 권한을 가진 자는 국민이고, 그 국민이 어떠한 국가 형태와 정부 형태를 가질지 결단한 것이 곧 헌법입니다. 즉 헌법을 통해 하나의 국가가 만들어진다는 것입니다. 여러분도 잘 알다시피, 대한민국헌법 제1조 제1항은 "대한민국은 민주공화국이다"라고 규정하고 있지요. 대한민국 국민이 그렇게 결단한 것입니다.

둘째, 헌법은 사회 공동체의 공감대적인 가치를 보장하고 실현하는 기능을 지닙니다. 그렇다면 대한민국 국민의 공감대적 가치는 헌법에 어떻게 표현되어 있을까요? 가장 두드러지는 부분이 있습니다. 바로 제2장 국민의 권리

---

* 이 장에서 이루어지는 논의는 허영, 『한국헌법론』(박영사, 2011)에 기초하고 있습니다.

와 의무에서 정하는 국민의 기본권입니다.

대한민국헌법 제10조는 "모든 국민은 인간으로서의 존엄과 가치를 가지며, 행복을 추구할 권리를 가진다. 국가는 개인이 가지는 불가침의 기본적 인권을 확인하고 이를 보장할 의무를 진다"라고 규정하고 있습니다. 이는 제2장의 가장 기본이 되는 조항이라고 할 수 있는데, 그다음부터 우리 헌법은 제11조에서부터 제37조에 이르기까지 개별적 기본권을 일일이 하나하나 열거하고 있습니다. 참으로 인상적인 부분이 아닐 수 없습니다. 그중 몇 개를 가져와 봤습니다.

제2장 국민의 권리와 의무

---

제11조 제1항 모든 국민은 법 앞에 평등하다. 누구든지 성별·종교 또는 사회적 신분에 의하여 정치적·경제적·사회적·문화적 생활의 모든 영역에 있어서 차별을 받지 아니한다.

제17조 모든 국민은 사생활의 비밀과 자유를 침해받지 아니한다.

제19조 모든 국민은 양심의 자유를 가진다.

제21조 제1항 모든 국민은 언론·출판의 자유와 집회·결

사의 자유를 가진다.

제23조 제1항 모든 국민의 재산권은 보장된다. 그 내용과 한계는 법률로 정한다.

제24조 모든 국민은 법률이 정하는 바에 의하여 선거권을 가진다.

제37조 제1항 국민의 자유와 권리는 헌법에 열거되지 아니한 이유로 경시되지 아니한다.

매우 간명한 문장 안에 대한민국이라는 사회 공동체가 지향하는 가치가 뚜렷이 표시되어 있지요.

세 번째로 눈에 띄는 대목은 '국가의 조직과 작용'입니다. 헌법은 한 국가의 통치 구조를 정하는 기능도 수행하는 것이지요. 저는 여러분이 특히 이 부분을 눈여겨보았으면 합니다. 헌법과 관련하여 첫 번째, 두 번째 내용에 관한 논의는 언론 보도 등을 통해 많이 찾아볼 수 있지만, 세 번째 내용에 관한 논의는 상대적으로 드물기 때문입니다.

한 국가가 국민의 기본권을 최대한 보장하기 위해서는 구체적인 제도적 장치, 즉 통치 구조가 필요할 수밖에 없습니다. 그런데 이는 거꾸로 보면 한 나라의 통치 구조라는 것은 결국 국민의 기본권 실현을 위한 수단에 불과하지 그 자체로 목적이 될 수는 없다는 것을 의미하기도 합니다(이를 헌법학에서는 '통치권의 기본권 기속성'이라고 합니다).

그렇다면 올바른 통치 구조는 어떠한 원리를 갖추고 있어야 할까요? 먼저 통치권을 만들어 내는 주체는 당연히 국민이 되어야 할 것입니다(이를 헌법학에서는 '통치권의 민주적 정당성'이라 합니다). 대한민국헌법이 선거제도와 국민투표제도를 규정해 놓은 이유가 여기에 있지요. 또한 각각의 통치기관이 통치권을 실제로 행사할 때 남용이나 악용이 있어서도 안 될 것입니다(이를 헌법학에서는 '통치권의 절차적 정당성'이라 합니다). 이를 위한 제도적 장치 중 대표적인 것이 바로 삼권분립제도입니다. 즉 국가권력을 기능과 성격에 따라 입법권·사법권·행정권으로 나누어 각기 다른 국가기관에 부여하고, 각 기관 상호 간에 견제와 균형이 이루어지도록 하는 것이죠. 우리 헌법은 이러한 통치 구조의 원리를 수십 개의 조문에 걸쳐 상세히 규정하고 있습니다. 그중 일부를 아래 적어보았습니다.

제3장 국회

---

제40조 입법권은 국회에 속한다.

제41조

①국회는 국민의 보통·평등·직접·비밀선거에 의하여 선출된 국회의원으로 구성한다.

②국회의원의 수는 법률로 정하되, 200인 이상으로 한다.

③국회의원의 선거구와 비례대표제 기타 선거에 관한 사항은 법률로 정한다.

(…)

## 제4장 정부

### 제1절 대통령

제66조

①대통령은 국가의 원수이며, 외국에 대하여 국가를 대표한다.

②대통령은 국가의 독립·영토의 보전·국가의 계속성과 헌법을 수호할 책무를 진다.

③대통령은 조국의 평화적 통일을 위한 성실한 의무를 진다.

④행정권은 대통령을 수반으로 하는 정부에 속한다.

(…)

## 제2절 행정부

### 제1관 국무총리와 국무위원

**제86조**

①국무총리는 국회의 동의를 얻어 대통령이 임명한다.

②국무총리는 대통령을 보좌하며, 행정에 관하여 대통령의 명을 받아 행정각부를 통할한다.

③군인은 현역을 면한 후가 아니면 국무총리로 임명될 수 없다.

**제87조**

①국무위원은 국무총리의 제청으로 대통령이 임명한다.

②국무위원은 국정에 관하여 대통령을 보좌하며, 국무회의의 구성원으로서 국정을 심의한다.

③국무총리는 국무위원의 해임을 대통령에게 건의할 수 있다.

④군인은 현역을 면한 후가 아니면 국무위원으로 임명될 수 없다.

(…)

## 제5장 법원

### 제101조

①사법권은 법관으로 구성된 법원에 속한다.

②법원은 최고법원인 대법원과 각급법원으로 조직된다.

③법관의 자격은 법률로 정한다.

(…)

## 제6장 헌법재판소

### 제111조

①헌법재판소는 다음 사항을 관장한다.

1. 법원의 제청에 의한 법률의 위헌여부 심판

2. 탄핵의 심판

3. 정당의 해산 심판

4. 국가기관 상호간, 국가기관과 지방자치단체간 및 지방자치단체 상호간의 권한쟁의에 관한 심판

5. 법률이 정하는 헌법소원에 관한 심판

②헌법재판소는 법관의 자격을 가진 9인의 재판관으로 구성하며, 재판관은 대통령이 임명한다.

③제2항의 재판관중 3인은 국회에서 선출하는 자를, 3인은 대법원장이 지명하는 자를 임명한다.

④헌법재판소의 장은 국회의 동의를 얻어 재판관중에서 대통령이 임명한다.

(…)

우리가 언론 보도에서 매일같이 접하는 국회, 대통령, 법원, 헌법재판소 등의 국가기관들이 고스란히 헌법에 들어 있는 것을 확인할 수 있습니다. 더 엄밀히 이야기하면, 헌법에서 그렇게 정하고 있기에 헌법기관으로서 비로소 그 권한을 행사할 수 있는 것이고, 그 결과 언론에도 등장할 수 있게 되는 것이죠.

「대한민국헌법」은 전문前文과 총 10장, 130개의 조문으로 구성되어 있습니다. 처음부터 끝까지 꼼꼼히 읽어본다고 해도 그리 긴 시간이 소요되지 않는 분량이니 이왕에 시작한 것 나머지 부분도 곧장 찾아 읽어보면 어떨까요?*

얼마 전 텔레비전 프로그램에 국내에서 두 번째 시각장애인 법관으로 기록된 김동현 판사가 출연한 것을 보게

---

* 대한민국의 모든 법령은 법제처에서 운영하는 국가법령정보센터 사이트 (https://www.law.go.kr/LSW/main.html)에서 검색 가능합니다.

되었습니다. 로스쿨 재학 중 갑작스러운 사고로 시력을 잃었음에도 굴하지 않고 꿈을 향해 걸어온 그의 인생 스토리가 시청자들에게 큰 울림을 주었습니다. 그런데 그에 못지 않게 저의 뇌리에 깊이 각인되었던 것은 "세상에서 가장 무서운 사람이 누구냐"라는 진행자의 질문에 대한 그의 대답이었습니다. 그는 자신은 "눈에 뵈는 게 없어 두려운 게 없다"라고 잠시 너스레를 떤 후, 이렇게 말을 했죠.

"가장 무서운 것은 주권자이신 국민입니다. 사법권도 국민으로부터 위임받은 권력이기에 제가 재판을 해 드리는 분들이 저의 재판에 불만을 가지시게 된다면 저는 옷을 벗어야 하겠죠."

대한민국헌법이 종이 위 글자가 아니라 우리 삶 속에서 살아 숨쉬고 있다는 사실을 다시 한 번 깨닫는 순간이었습니다. 저는 앞서 『담대한 희망』을 소개하면서, 오바마 자신이 밤낮으로 탐색해 왔던 미국인을 하나로 묶어주는 가치도, 그 가치를 실현해 내는 도구도, 모두가 미국 헌법 속에 이미 들어 있다는 걸 깨치게 된 순간을 이야기한 적이 있습니다. 이제는 우리 헌법에도 꼭 같은 이야기를 해 주어야 하지 않을까요?

우리 국민을 하나로 묶어주는 가치도, 그 가치를 실현

해 내는 도구도 모두가 대한민국헌법 속에 이미 들어 있다고 말입니다.

## 여정을 나오며

『서른 권의 열쇠』의 마지막 책장을 덮고 여러분이 느끼는 소회가 어떨지 참으로 궁금합니다. 서른 권의 열쇠 중 어느 책에 가장 먼저 마음이 갔을지, 의문 나는 점은 없었을지, 무엇보다 서른 권을 먼저 만나보았던 제 이야기가 여러분들의 마음에 진솔하게 스며들었을지.

언젠가 이런 생각을 해본 적이 있습니다.

글은 그 자체로 생명력이 있기에 저자의 손을 떠나는 순간 온전한 생명체가 되어 자신만의 삶을 새로이 시작한다.

그러니 글에 숨을 불어넣는 건 저자가 아니라 독자입니다.

『서른 권의 열쇠』가 여러분들 각자의 고유한 들숨과

날숨으로 한가득 숨이 차올라 만 가지 색으로 만개하길 바라봅니다. 그 누구의 숨도 아닌 여러분만의 숨으로 말이죠. 그러니까 지금 이 순간부터 『서른 권의 열쇠』의 저자는 제가 아니라 바로 여러분입니다.

책 한 권이 세상에 나오기까지 얼마나 많은 노력과 헌신이 필요한지 맨날 책을 읽기만 해온 저로서는 알 길이 없었습니다. 초고를 보자마자 누구보다 뜨거운 열정과 응원으로 단박에 『서른 권의 열쇠』를 세상에 내어놓기로 결정해 주신 이강원 님, 때로는 동료로 때로는 예비 독자로 이 책의 깊은 속을 살뜰히 끄집어내 준 정인혜 님, 더없이 정성스레 원고에 옷을 입혀주신 인수정 님께 마음을 다해 감사의 말을 전합니다. 『서른 권의 열쇠』에서 빛나는 부분이 있다면 오롯이 다 이분들의 몫일 겁니다.

제가 이 세상을 살아가는 목적이자 이유가 되어 주시는 부모님께 이 글을 드립니다. 결국 이 모든 게 두 분 덕분입니다.

『서른 권의 열쇠』에서 소개하는 책

『서양미술사』E. H. 곰브리치 지음, 백승길 · 이종승 옮김, 예경
『미술론 강의』오병남 지음, 세창출판사
『은밀한 갤러리』도널드 톰슨 지음, 김민주 · 송희령 옮김, 리더스북
『클래식 노트』진회숙 지음, 샘터사
『이 한 장의 명반 클래식』안동림 지음, 현암사
『하노버에서 온 음악 편지』손열음 지음, 중앙북스
『신곡』(지옥 · 연옥 · 천국 편) 단테 알리기에리 지음, 박상진 옮김, 민음사
『위대한 개츠비』F. 스콧 피츠제럴드 지음, 김욱동 옮김, 민음사
『마음』나쓰메 소세키 지음, 오유리 옮김, 문예출판사
『옥수수와 나-2012년 제36회 이상문학상 작품집』김영하 외 지음, 문학사상사
『향연』플라톤 지음, 강철웅 옮김, 아카넷
『소유냐 존재냐』에리히 프롬 지음, 차경아 옮김, 까치
『선의 나침반』숭산 지음, 현각 엮음, 허문명 옮김, 김영사
『인간 본성에 대하여』에드워드 윌슨 지음, 이한음 옮김, 사이언스북스
『총 균 쇠』재레드 다이아몬드 지음, 강주헌 옮김, 김영사
『사피엔스』유발 하라리 지음, 조현욱 옮김, 이태수 감수, 김영사
『한중일이 함께 쓴 동아시아 근현대사 1』한중일3국공동역사편찬위원회 지음, 휴머니스트
『자유론』존 스튜어트 밀 지음, 서병훈 옮김, 책세상
『담대한 희망』버락 오바마 지음, 홍수원 옮김, 알에이치코리아
『20 VS 80의 사회』리처드 리브스 지음, 김승진 옮김, 민음사
『스킨 인 더 게임』나심 니콜라스 탈레브 지음, 김원호 옮김, 비즈니스북스
『시장경제의 미래』라구람 라잔 · 루이지 징갈레스 지음, 고승의 옮김, 앤트출판
『폴 크루그먼의 경제학의 향연』폴 크루그먼 지음, 김이수 · 오승훈 옮김, 부키
『통계학』류근관 지음, 법문사
『글로벌 경쟁시대의 경영전략』장세진 지음, 박영사
『제로 투 원』피터 틸 · 블레이크 매스터스 지음, 이지연 옮김, 한국경제신문
『서울대 최종학 교수의 숫자로 경영하라』최종학 지음, 원앤원북스